Emil Nolde

trifft

Henry Moore

Anlässlich der Ausstellung
in der Stiftung Seebüll Ada und Emil Nolde
vom 30. April bis zum 30. November 2017

Emil Nolde trifft Henry Moore

mit Beiträgen von

Sebastiano Barassi
Astrid Becker
Hannah Higham
Hans-Joachim Throl

HIRMER

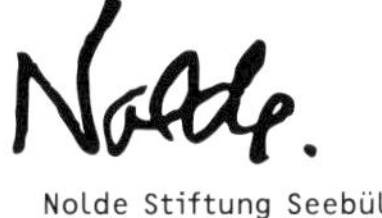

Nolde Stiftung Seebüll

Inhalt

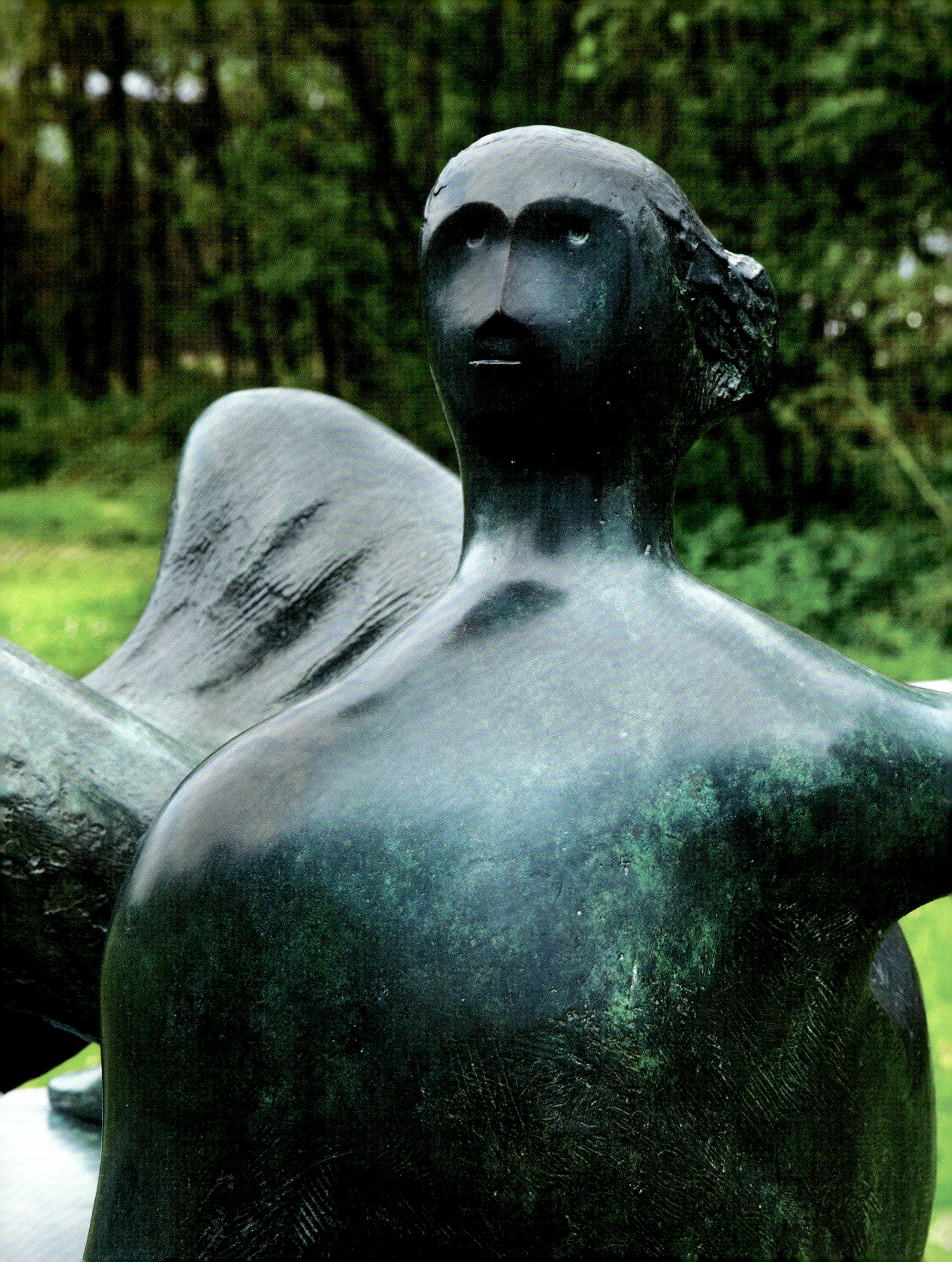

Grußwort und Dank

Anlässlich des 150. Geburtstags von Emil Nolde öffnet sich die Nolde Stiftung Seebüll erstmals in ihrer Geschichte einem anderen Künstler, dem britischen Bildhauer Henry Moore. Beide sind zwei unangefochtene Größen in der Kunst des 20. Jahrhunderts. Emil Nolde (1867–1956) ist berühmt als virtuoser Maler expressiver Farbigkeit; Henry Moore (1898–1986) inspiriert nachfolgende Künstler bis heute mit seinen bahnbrechenden Skulpturen. Zwischen ihnen liegt eine ganze Generation an Lebensjahren und auch an künstlerischer Entwicklung. Aber ihre Herkunft und der heimatliche Landstrich beeinflussten gleichermaßen ihr Werden und Wirken. Bei aller Unterschiedlichkeit offenbart sich in der großen Harmonie von Figur und Landschaft die elementare Verbindung von Mensch und Natur, die beiden Künstlern ein Grundanliegen ist. Sie zeigt in der Idee von Landschaft, Natur und menschlicher Figur überraschende Gemeinsamkeiten zwischen Henry Moore und Emil Nolde.

Der von Ada und Emil Nolde angelegte Garten um das Wohn- und Atelierhaus Seebüll zeigt bis heute die Blumen, die den Maler inspirierten. Mit der Präsentation von vier Skulpturen Henry Moores wird der Nolde-Garten selbst zum Ausstellungsraum, der sich für ein besonderes Erlebnis weitet. Die Skulpturen gehen mit dem reichen Blumengarten und der umliegenden kargen Marschlandschaft eine Symbiose ein und richten den Blick auf einen wesentlichen Aspekt im Werk der Künstler, denn beide sehen die menschliche Figur als entscheidenden Ausdrucksträger. Dem Maler ist die Darstellung der menschlichen Gestalt und des Seelischen das Höchste in der Kunst. Vergleichbar gilt für Moore: Der wesentlichste Bezugspunkt des Menschen ist er selbst. Sowohl bei Emil Nolde als auch bei Henry Moore durchdringt die Figur die Landschaft. Die nie versiegende Kraft der Natur gilt Emil Nolde und Henry Moore als die Urquelle alles Schöpferischen. Ihren Ursprüngen, ihrer Energie, ihrer Komplexität nachzuspüren, bestimmt den Kunstwillen.

Beiden Künstlern ist auch gemein, dass sie den Wunsch hatten, für ihr Werk über ihren Tod hinaus einen bleibenden Platz zu finden und es für kommende Generationen zugänglich zu machen. Ada und Emil Nolde begründeten testamentarisch die Stiftung Seebüll Ada und Emil Nolde, die nach dem Tod des Malers eingerichtet wurde und mithin auf 61 Jahre ihres Bestehens zurückblickt. Die Nolde Stiftung Seebüll verwaltet den umfangreichen Nachlass des Künstlers und veranstaltet seit 1957 jährlich wechselnde Ausstellungen im ehemaligen Wohn- und Atelierhaus des Malers in Seebüll, nahe der Nordsee an der Grenze zu Dänemark. Die Henry Moore Foundation wurde 1977 von Henry Moore und seiner Familie gegründet, um das öffentliche Ansehen der Bildenden Kunst, insbesondere der Skulptur, zu fördern. Ebenso wie es in Seebüll der Fall ist, hat die Henry Moore Foundation ihren Sitz am Wohn-, Lebens- und Arbeitsort des Künstlers, in Perry Green, Much Hadham, in Hertfordshire. Sie bewahrt und pflegt das Erbe von Moore, einem der einflussreichsten Bildhauer des 20. Jahrhunderts, der die Kunstform der

Skulptur einem breiten Publikum öffnete. Perry Green und Seebüll sind Gesamtkunstwerke, die bis heute den Geist von Henry Moore und Emil Nolde spüren lassen.

Sowohl die Henry Moore Foundation als auch die Nolde Stiftung Seebüll sind die zentralen Forschungsinstitute zu Henry Moore und Emil Nolde. Beide Stiftungen veranstalten im In- und Ausland aus ihren reichen Beständen zahlreiche Ausstellungen und sind Leihgeber für eine Vielzahl von Projekten. Es ist ein Anliegen beider Institutionen, die Bedeutung der von ihnen repräsentierten Künstler im nationalen und internationalen Bewusstsein zu bewahren. Sie wollen zur Auseinandersetzung und Diskussion über diese wichtige Epoche anregen, denn sowohl Henry Moore als auch Emil Nolde haben die Entwicklung der modernen Kunst entscheidend geprägt.

Die Henry Moore Foundation und die Nolde Stiftung Seebüll sind in ihren Aufgaben und auch den Stiftungsstrukturen eng miteinander verwandt. Das haben die vielen in stets freundschaftlicher, inspirierender und vertrauensvoller Atmosphäre geführten Gespräche im Kontext der Ausstellungsvorbereitungen gezeigt. In Seebüll sind wir den Kollegen in Perry Green sehr dankbar, dass wir vier Skulpturen von Henry Moore zeigen können.

Die Ausstellung *Emil Nolde trifft Henry Moore* ist Teil des Ausstellungsverbundes *Nolde im Norden*, dem sich neben Seebüll sieben weitere Museen angeschlossen haben, um anlässlich von Emil Noldes 150. Geburtstag eine große Bandbreite seines Schaffens in Ausstellungen mit unterschiedlichen Themensetzungen zu zeigen. Ein wichtiger Partner dabei ist das Kunstmuseum in Tondern, das sich zeitgleich im Rahmen der Ausstellung *Henry Moore – Grenzen zum Norden* der Bedeutung der Kunst Moores für die nordische Kunst widmet und auch zahlreiche Nolde-Werke aus dem Seebüller Bestand präsentiert. Wir verdanken es Ove Mogensen und Anne Blond vom Kunstmuseum, dass Sebastiano Barassi, Hannah Higham und James Copper von der Henry Moore Foundation ihren Weg nach Seebüll fanden. Dies war ein wichtiger Anstoß, Moore auch in Seebüll zu zeigen. Daher sei an dieser Stelle Ove Mogensen und Anne Blond besonders gedankt.

Eine solch ambitionierte Ausstellung wie *Emil Nolde trifft Henry Moore* ist insbesondere durch die Unterstützung der Mitarbeiterinnen und Mitarbeiter in Perry Green und Seebüll möglich geworden. Wir möchten allen danken, die zum Gelingen der Ausstellung beigetragen haben, insbesondere Sebastiano Barassi, Hannah Higham und James Copper in Perry Green, und Bülent Kremser in Seebüll, der mit seinem Team die technischen Angelegenheiten souverän betreut. Großer Dank gebührt Astrid Becker, die in Seebüll das Gesamtprojekt in stets bewährter und überaus engagierter Weise verantwortet. In ihren Händen lag ebenso die Konzeption und Betreuung des Kataloges, der die Kunst Moores und Noldes aus neuer Perspektive befragt, indem er sich erstmals mit den Gemeinsamkeiten beider auseinandersetzt. Wir freuen uns sehr, dass Sebastiano Barassi mit Hannah Higham, Astrid Becker und Hans-Joachim Throl an dem Projekt mitgewirkt haben, und sagen ganz herzlich Danke für die fachkundigen Beiträge, die den Katalog entscheidend bereichern und einen ganz neuen Blick auf das Werk beider Künstler ermöglichen.

Emil Nolde schreibt über seine Kunst: »Es sollen diese Bilder keine gefällige, schöne Unterhaltung sein, nein, ich möchte so gern, daß sie mehr sind, daß sie heben und bewegen, in dem Beschauer einen Vollklang vom Leben und menschlichen Sein geben.« Ganz ähnlich formuliert es Henry Moore: »Plastik sollte auf den ersten Blick ruhig einiges Unklare und auch verborgene Bedeutungen beinhalten. Die Menschen sollten den Wunsch haben, die Skulptur weiter zu betrachten und nachzudenken; sie sollte nie sofort alles über sich aussagen. Sowohl Bildhauerei als auch Malerei müssen zunächst eine gewisse Anstrengung erfordern, um voll gewürdigt zu werden [...] jegliche Kunst sollte etwas mehr Geheimnis und Bedeutung haben, als einem raschen Betrachter deutlich wird.«

In diesem Sinne wünschen wir allen Besuchern ein bleibendes Ausstellungserlebnis und den Lesern des Kataloges wunderbare Entdeckungen.

Christian Ring
Direktor
Nolde Stiftung Seebüll

Godfrey Worsdale
Direktor
Henry Moore Foundation

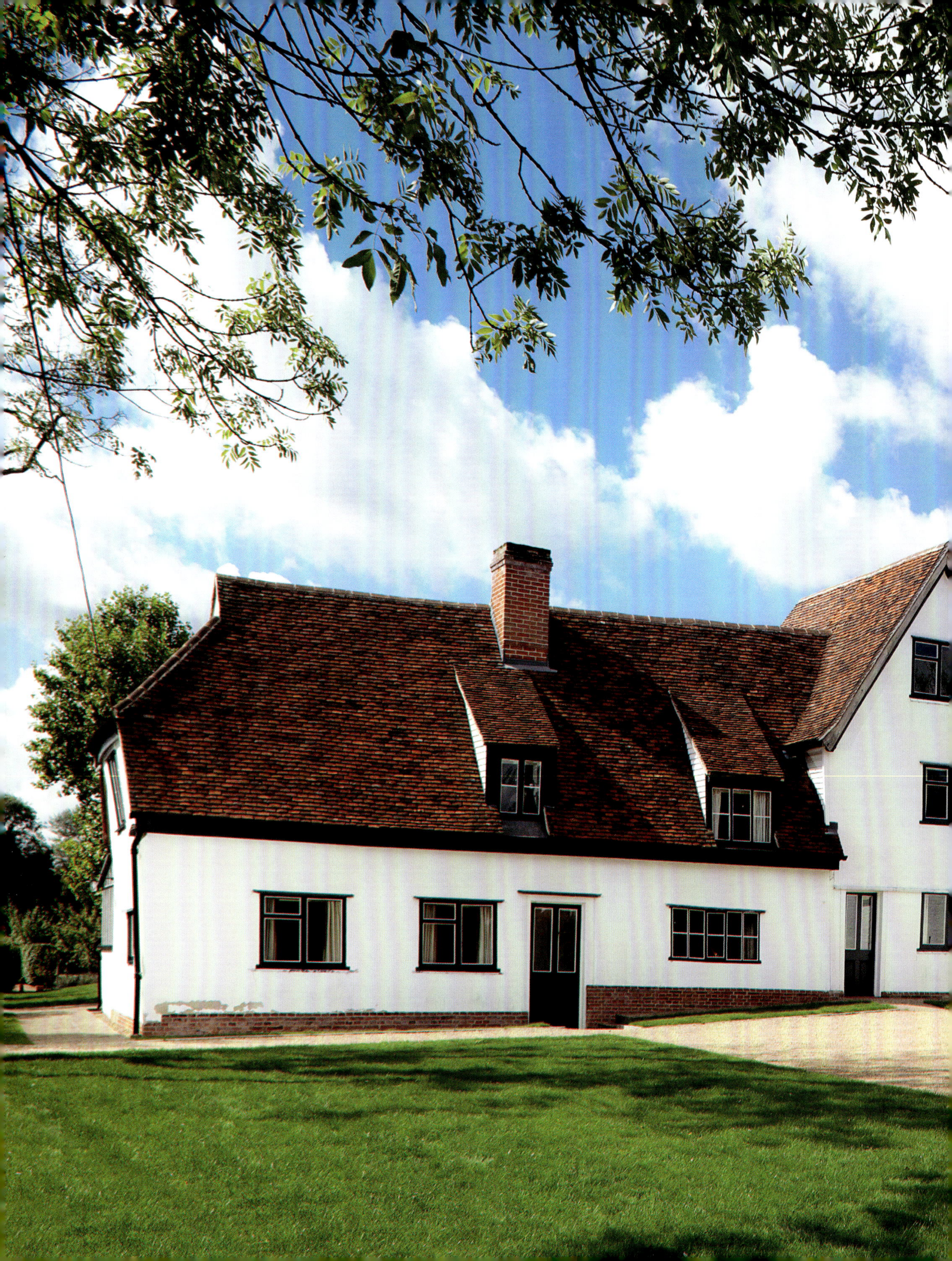

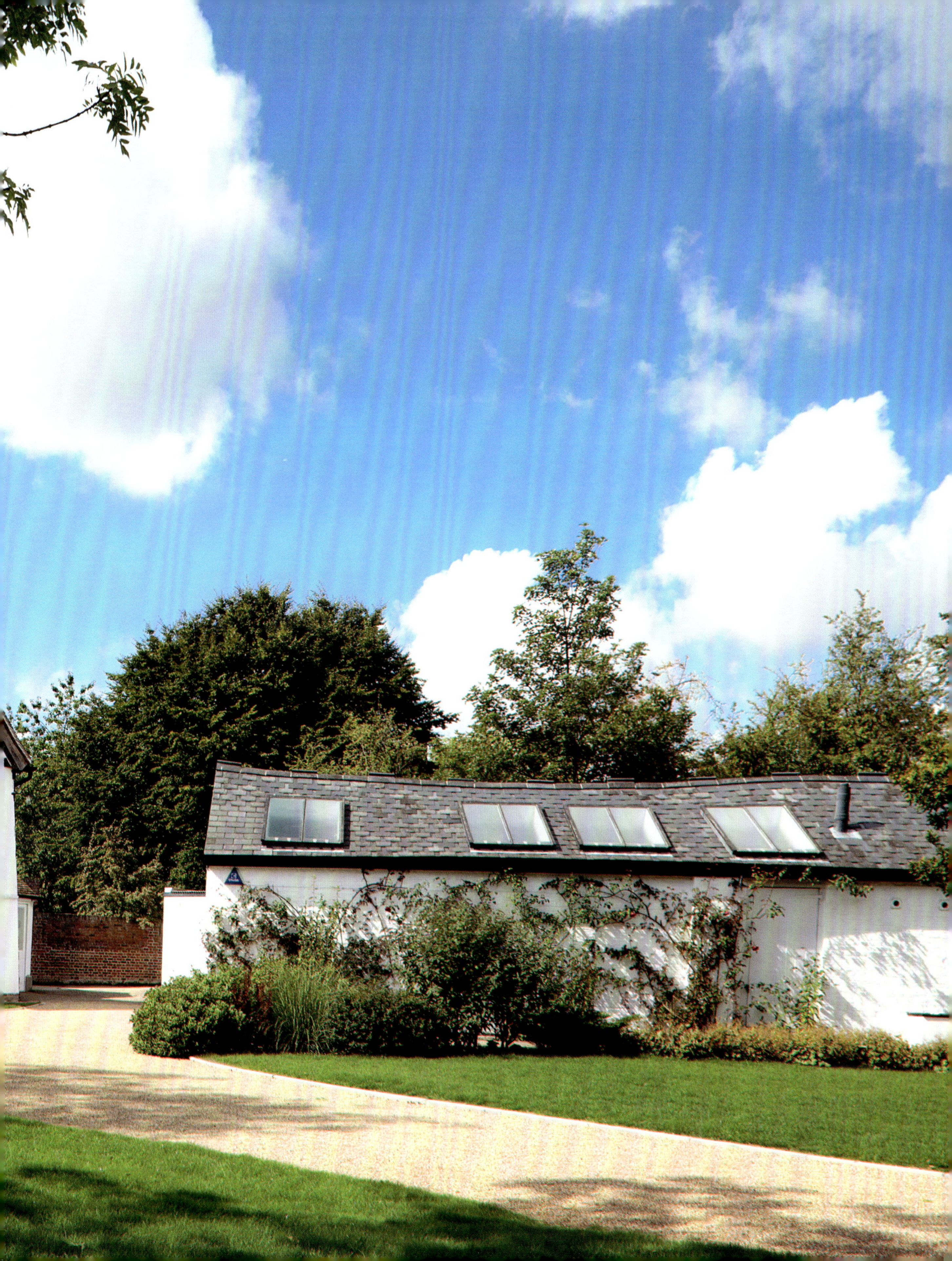

Ein naturverbundener Mensch

Henry Moore und die Natur

Sebastiano Barassi / Hannah Higham

Mit der ganzen Vielfalt der Natur –
Knochen, Kieseln, Muscheln,
Wolken, Baumstümpfen, Blumen –
weiß der Bildhauer etwas anzufangen.[1]
Henry Moore, 1962

Die Natur stand stets im Mittelpunkt der Kunst von Henry Moore. In seiner gesamten Laufbahn strebte er danach, eine moderne und originäre bildhauerische Sprache zu schaffen, die auf der Neuinterpretation organischer Formen basierte, sei es der menschliche Körper, Tiere, Landschaften oder Objets trouvés wie Knochen, Kiesel, Muscheln und Treibholz. Moore selbst führte sein Interesse an der Natur auf seine Kindheit in Yorkshire zurück, insbesondere auf die Faszination, die Orte wie Adel Rock oder die Schlackenhaufen am Rand der Bergarbeiterdörfer auf ihn ausübten. Sie beeindruckten ihn sowohl als Landschaften wie auch als natürliche Gebilde mit skulpturalen Qualitäten (**Abb. 1**). Diese Faszination führte ihn dazu, auf Naturbeobachtung und natürliche Materialien gestützte künstlerische Ausdrucksformen und Verfahren zu entwickeln. So nutzte er heimisches Gestein und Holz für seine frühen Bildwerke oder gefundene Gegenstände für Maquetten, kleine dreidimensionale Modelle, anhand derer er neue Ideen für Skulpturen entwickelte. Ebenso wichtig war die Beziehung von Moores Skulptur zur Landschaft, die nicht nur bei der Entwicklung, sondern auch bei der Ausstellung und Rezeption seiner Kunst eine zentrale Rolle spielte.

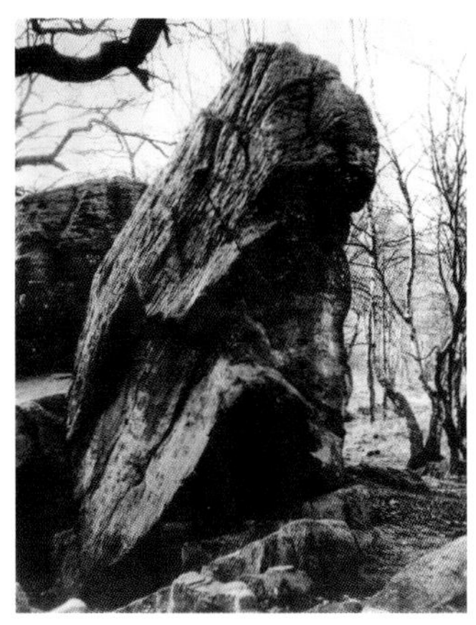

1 Adel Rock bei Leeds in Yorkshire

Moores Faszination für Natur und Landschaft stellt ihn mitten in eine britische Tradition, die zurück auf Malerei und Dichtung der Romantik verweist, zur gotischen Architektur und sogar zu prähistorischen Menhiren und Monumenten wie Stonehenge. Tatsächlich war nach seiner Überzeugung sein Werk von Elementen wie Intuition, Überraschung, Asymmetrie, Weichheit und Biomorphismus belebt, die er im weitesten Sinn mit der Romantik assoziierte und als diametralen Gegensatz zum klassizistischen künstlerischen Kanon empfand.[2] Moore reifte künstlerisch in einem modernistischen, hauptsächlich mit den formalen Aspekten von Kunstwerken befassten Umfeld, das sich im frühen 20. Jahrhundert in England unter dem Einfluss von Theorien wie der der »signifikanten Form« herausgebildet hatte, als deren Hauptvertreter Clive Bell und Roger Fry gelten.[3] Von daher richtete sich Moores schöpferisches Interesse nahezu ausschließlich auf die Erkundung des Formalen und entfernte sich generell vom narrativen Inhalt – obwohl das nicht bedeutete, wie er stets klarzustellen bedacht war, dass sein Schaffen jemals als abstrakt zu betrachten sei.

Die Fokussierung auf die reine Form erklärt die relativ geringe Zahl von Sujets in Moores bildhauerischem Schaffen, das wesentlich von drei Themen dominiert wird: der liegenden Figur, der Mutter mit Kind und dem Verhältnis zwischen Innerer und äußerer Form. Diese Motive lieferten Moore unerschöpfliche Möglichkeiten zur Erfindung neuer Formelemente. Die liegende Figur, in seinem Werk fast ausschließlich weiblich, erlaubte ihm, den menschlichen Körper in vielfältigen Varianten zu studieren, indem er einfach die Anordnung der Glieder sowie Ausrichtung und Neigung von Kopf und Rumpf veränderte. Ebenso bot das Mutter-und-Kind-Motiv praktisch unbegrenzte Möglichkeiten, die Beziehung zwischen zwei individuellen Formen verschiedener Größe zu erkunden. Der damit verbundene Gedanke einer größeren Form, die eine kleinere beschützend umschließt, wirkte auch als Inspiration für das Motiv der Inneren und äußeren Form. Es begann mit einer äußeren Hülle um einen weichen Kern, die erstmals in den späten 1930er-Jahren mit der Serie *Helmet Heads* (**Abb. 2**) entwickelt wurde, und führte später zu Versuchen mit der Öffnung skulpturaler Formen und der Gegenüberstellung von Volumina und Hohlräumen. Vor allem in dieser Phase seines Schaffens erlaubte Moore sich selbst, sich von der menschlichen Figur zu entfernen, die er doch stets als sein Hauptthema betrachtete, um abstraktere Formen zu gestalten – wenngleich diese meist unmittelbar von identifizierbaren visuellen Quellen inspiriert waren.

Zu Beginn seines Werdegangs studierte Moore natürliche Formen überwiegend anhand von Zeichnungen, entweder nach dem Leben – besonders beim Studium des menschlichen Körpers – oder nach der Vorstellung, wie zum Beispiel in den *Transformation Drawings* der frühen 1930er-Jahre (**Abb. 3**). Nach dem Zweiten Weltkrieg war das Zeichnen nicht mehr seine bevorzugte Methode zur Entwicklung von skulpturalen Formen, sondern wurde zum Medium für eine intimere Art des Schaffens. Moore setzte seine Beobachtung der Natur in einer Reihe von Landschaften, Tier- und Baumzeichnungen sowie Graphiken fort, die er hauptsächlich vor dem Motiv oder, seltener, nach Photographien, nach der Erinnerung oder der Vorstellung ausführte. Als er sich in der Bildhauerei vom direkten Behauen löste und dem Modellieren in Gips und dem Bronzeguss zuwandte, begann Moore neue Ideen für vorherrschend dreidimensionale Werke zu entwickeln, meist auf der Basis von Maquetten aus Gips, Lehm oder Wachs. Diese hatten den großen Vorteil, dass er eine ganze Skulptur in einer Hand halten konnte und sie es ihm ermöglichten, mehrere Ansichten auf einmal zu studieren und ihre Realisierung in voller Größe festzulegen. Moore nutzte häufig natürliche Objekte als Ausgangspunkt für Maquetten, entweder indem er Formen in Gips goss und sie zu einer Figur ausarbeitete oder indem er ein Modell direkt aus einem Kiesel, Knochen oder einer Muschel aufbaute (**Abb. 4**).

Dieses Vertrauen auf Naturalia war gewissermaßen eine Weiterentwicklung des Prinzips der »Materialgerechtigkeit«, das forderte, der Bildhauer müsse stets die physischen Eigenschaften des betreffenden Materials respektieren – eine Überzeugung, die, gepaart mit seinem modernistischen Credo, bereits seine Vorkriegsplastiken geprägt hatte. Während diesen die Idee zugrundelag, dass die natürlichen Eigenschaften des Stein- oder Holzblocks die endgültige Form der Arbeit bestimmten, ließ er bei den Objets trouvés die Natur Ideen suggerieren, die in Skulptur übersetzt wurden. Moore begann in den späten 1920er-Jahren, Kiesel und Muscheln am Strand zu sammeln, und im Lauf der Jahre trug er auch dank der Gaben von Freunden und Bewunderern eine »Bibliothek der natürlichen Formen« zusammen, wie er sie nannte. Diese spielten nicht nur in seinem Haus Hoglands eine wichtige Rolle, sondern vor allem in seinen Ateliers in Perry Green (**Abb. 5**).

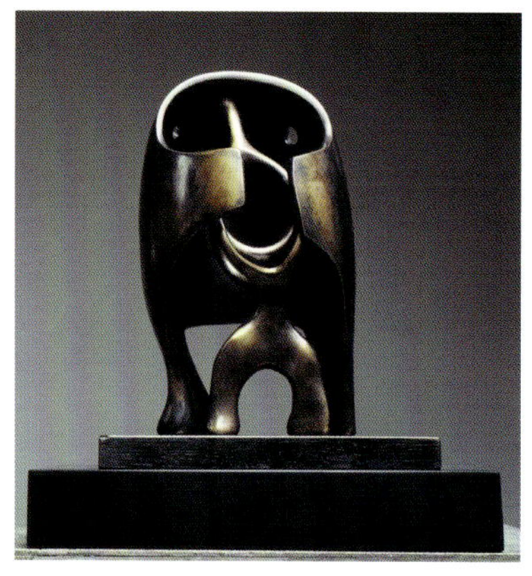

2 Henry Moore, *Helmet Head*, 1939–40, Bronze, 29,2 cm, LH 212, Guss hm, The Henry Moore Foundation

Sich mit natürlichen Objekten zu umgeben, bedeutete für Moore, ständig Inspirationsquellen ausgesetzt zu sein. Dieses Eintauchen ist ein Echo jener nicht weniger wichtigen Verbindung mit der natürlichen Landschaft, die in seiner Kunst von enormer Bedeutung war. Seine erste Erfahrung des Arbeitens im Freien reicht zurück in seine Studentenzeit, als er begann, im Garten des Hauses seiner Schwester in Wighton, nahe der nördlichen Küste von Norfolk, Steinblöcke zu bearbeiten. Zu dieser Zeit studierte Moore Bildhauerei am Royal College of Art in London, wo das Modellieren an der Tagesordnung war und das Meißeln in Stein bloß als technische Übung angesehen wurde. Um seine eigenen Ideen zu verwirklichen, die damals in erster Linie vom avantgardistischen Prinzip der direkten Bearbeitung des Steins inspiriert wurden, teilte Moore seine Zeit zwischen der Kursarbeit an den Wochentagen und seinem eigenen Schaffen an den Wochenenden auf. Da er nicht über einen geeigneten Atelierraum verfügte, beschloss er angesichts des Chaos, das mit der Steinbearbeitung einhergeht, draußen im Garten seines Hauses zu arbeiten. Obwohl diese Entscheidung größtenteils der praktischen Notwendigkeit geschuldet war, wurde Moore genau jetzt der Wert des Schaffens in der Natur bewusst, und mit der Zeit wurde die natürliche Landschaft nicht nur der von ihm bevorzugte Ort, um Großskulpturen zu gestalten, sondern auch das ideale Umfeld für ihre Aufstellung.

Auf ähnlichen Gründen beruht die Entscheidung, kurz nach seiner Heirat mit Irina Radetsky im Jahr 1929 ein Cottage in Barfreston im ländlichen Kent zu erwerben und der 1935 folgende Kauf von Burcroft bei Canterbury, ein Haus, zu dem zwei Hektar Wiesengrund gehörten. Das ermöglichte es Moore, seine Skulpturen, die immer ambitioniertere Ausmaße annahmen, im Freien zu gestalten und zu betrachten, und er begann in diesem Kontext Ansichten zu entwickeln, die seinen späteren Ansatz formten. Wie er später erklärte, lernte er die Skulptur in erster Linie als »eine Freilichtkunst« zu sehen. »Sie braucht Tageslicht, Sonnenlicht, und mir erscheint die Natur als ihr bester Hintergrund und ihre

3 Henry Moore, *Ideas for Sculpture: Transformation of Bones*, 1932, Bleistift, 23,6 × 19,5 cm, The Henry Moore Foundation

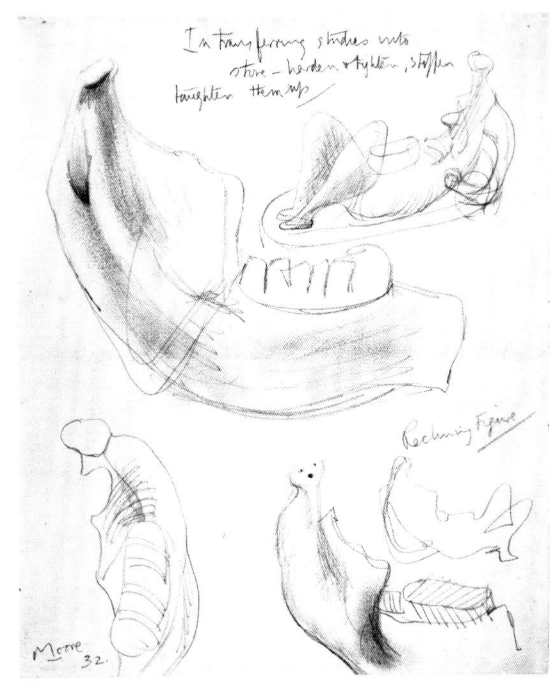

beste Ergänzung […] natürliches Licht [statt Atelierbeleuchtung] lässt den Bildhauer Formen schaffen, die vollständig und real sind wie die Natur um ihn herum.«[4] Dementsprechend stellte er fest: »Die Arbeit im Freien bereitet mir sehr viel Vergnügen. Arbeite ich bei gutem Wetter in einem geschlossenen Atelier, komme ich mir vor wie im Gefängnis.«[5] Dieses Arbeiten im Freien erlaubte es Moore, zwischen seiner Skulptur und der Landschaft einen subtilen Dialog anzuregen; so sind etwa die weichen Kurven seiner liegenden Figuren häufig ein Echo der englischen Landschaft mit ihren sanften Hügeln, sich erhebender Berge und Höhlen.

Moore sagte über Burcroft, »der Raum, die Weite und die Landschaft wurden für mich als Hintergrund und als Umgebung für meine Skulptur sehr wichtig.«[6] Das könnte durchaus auch über Perry Green gesagt werden, jenes etwa 30 Meilen nördlich der Hauptstadt gelegene Dorf, in dem er den größten Teil seines Lebens verbrachte. Im September 1940 wurde das Londoner Wohnküchen-Atelier Moores durch einen deutschen Bombenangriff zerstört. Da Burcroft ebenfalls schwierig zu erreichen war, weil es während des Krieges in einem militärischen Sperrgebiet lag, mietete er für sich und Irina ein Haus namens Hoglands in der Nähe von Freunden in Hertfordshire. Obwohl ursprünglich nur als Zwischenlösung gedacht, kauften sie am Ende das Haus, und im Lauf der Jahre erwarben sie knapp 30 Hektar Land und verschiedene Gebäude, die heute das Anwesen ausmachen, in dem der Hauptsitz der Henry Moore Foundation liegt.

Zu Hoglands gehörte ein Stallgebäude, das Moore zu zwei Ateliers umbaute, ein größeres für die Bildhauerei und ein kleineres, intimeres Studio zur Herstellung von Maquetten. Als an der Rückseite des Hauses mehr Land dazukam, wurde es vor allem der Ausstellung von Skulpturen gewidmet, wobei die Farbe auf ein Minimum reduziert wurde und subtil veränderte Ansichten durch die Schaffung von zunehmend größeren Arealen für Werke unterschiedlicher Größe erreicht wurden. Diese großzügigen offenen Räume gaben Moore eine Vielzahl von Möglichkeiten, mit der Aufstellung seiner Arbeiten vor einem harmonischen, aber sich ständig wandelnden natürlichen Hintergrund zu experimentieren, der mit den Jahreszeiten wechselte. Ebenso wichtig war, dass er jedem Medium, in dem er arbeitete, ein eigenes Atelier widmen konnte. Über die Jahre wurden Gebäude errichtet oder umgestaltet, um separate Ateliers für das Meißeln, Modellieren, Vergrößern und Patinieren von Skulpturen, für Zeichnung und Druckgraphik zu schaffen; daneben entstand eine Reihe von Lagerräumen. Weniger dauerhafte Bauwerke wie etwa das Sommerhaus – ein kleiner Schuppen auf einer Drehscheibe, der als Zeichenstudio genutzt wurde – und die Bildhauer-Werkstatt ermöglichten es Moore, umgeben von natürlichem Licht und Ausblicken auf die Landschaft zu arbeiten (**Abb. 6**).

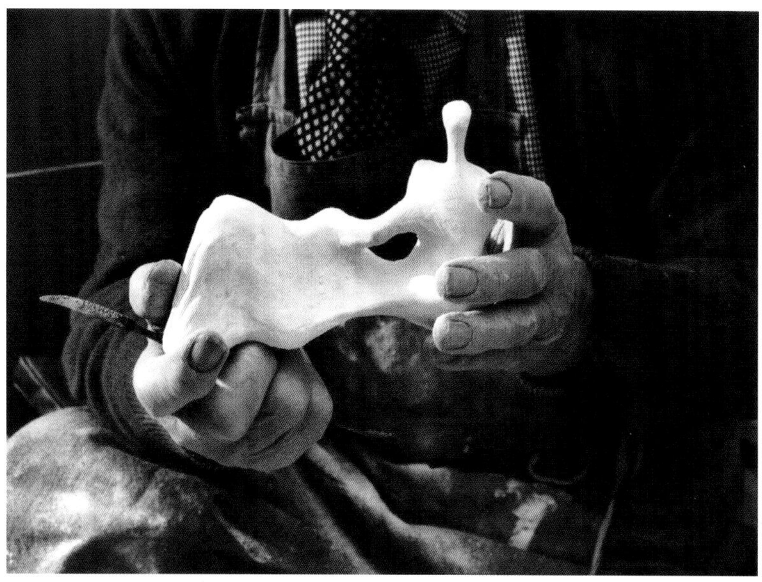

4 Henry Moore, *Maquette for Reclining Figure: Hand*, 1976, Gips, 9,5 × 14,5 × 8 cm, LH 707, The Henry Moore Foundation

Ab 1970 wurde das eigens zu diesem Zweck errichtete Bourne Maquette Studio zum Mittelpunkt von Moores schöpferischem Tun, bot es doch einen Rückzugsraum, wo er fern der Aktivitäten und Ablenkungen andernorts auf dem Anwesen nachdenken und arbeiten konnte. Moore füllte dieses Atelier nicht nur mit Maquetten, sondern auch mit einer außergewöhnlichen Sammlung von Fundstücken, auf die er immer wieder zugriff, um sich zu inspirieren. Unter seinen größten Schätzen befand sich ein Elefantenschädel, den er 1968 von Freunden geschenkt bekommen hatte. Dieser lag nicht nur mehreren Skulpturen und Zeichnungen zugrunde, sondern inspirierte auch eines seiner bemerkenswertesten Portfolios von Druckgraphiken.

Es ist zwar richtig, dass Moore neben grasenden Schafen oder Baumgruppen selten Landschaften getreu der Genredefinition darstellte, doch hatte sein Eintauchen in die Landschaft eine unleugbare Auswirkung auf seine Motive. Obwohl er nie für längere Zeit nach Yorkshire zurückkehrte, hatten ihn seine Entwicklungsjahre dort zweifellos mit einem tiefverwurzelten Verständnis für das Land erfüllt und ihm das Wesen des Ortes nahegebracht, was er am Ende seines Lebens bestätigen sollte. Das Land von Moores Kindheit war ein Land der Kontraste; die industriell geprägte Bergwerkstadt Castleford ist in die dramatische Schönheit der Moorlandschaft von Yorkshire eingebettet. Wenn auch dicht besiedelt und rauchgeschwängert, ist es doch bemerkenswert, dass selbst die dortige Industrie in einer Beziehung zum Land stand – die Bodenschätze in den dunklen unterirdischen Höhlen waren die Quelle von Wohlstand und Arbeit. So gesehen ist die Beziehung zwischen Mensch und Erde symbiotisch und lässt sich mit derjenigen vergleichen, die den Kern der nordischen Landschaftsauffassung und ihrer künstlerischen Traditionen bildet.

Moores Liebe zur Natur, die in Yorkshire begann, hat ihn offensichtlich nie verlassen, denn wie seine folgenden Umzüge zeigen, suchte er wiederholt ländliche Fluchtpunkte aus dem städtischen London. Dieser Übergang von der ungezähmten Natur Yorkshires zu der durchdacht angelegten landschaftlichen Umgebung seines Heims in Perry Green zeugt in mancherlei Hinsicht von der Absicht, die Natur zähmen zu wollen. Das entspricht einer Anschauung, die von Moores Freund, dem Kunsthistoriker und ehemaligen Direktor der National Gallery, Kenneth Clark, vertreten wurde. 1946, als Clark die Slade-Professur für Schöne Künste in Oxford zum ersten Mal übernahm, wählte er Landschaft als Thema für seine erste Vorlesungsreihe.[7] Zu Beginn erklärte er die Wahrnehmung der Landschaft, oder vielmehr der Natur, im Mittelalter als etwas Gefährliches, »Erschreckendes« und »feindselig gegen alles eindringende Leben«.[8] Weiter führte er aus, dass der Garten, ein in Abgrenzung zur Wildnis umfriedeter und wie das paradiesische Eden als göttlich betrachteter Bezirk, der Malkunst der Zeit als Vehikel diente, mit dem die Landschaft eingeführt und interpretiert wurde. Der Maler Emil Nolde (1867–1956) schuf ebenso wie Moore einen für seine Kunst bedeutsamen Garten im Herzen seiner heimischen Landschaft. Das Schaffen beider Künstler beruht auf ihrer Verbundenheit mit dem Land, und darüber hinaus verbindet sie die Vorstellung, dass geographische Unterschiede das Temperament eines Menschen zu prägen vermögen. Ebenso wie Moore steigerten Nolde und seine anderen nordischen Kollegen die charakteristischen Merkmale ihrer natürlichen Umgebung zu erzählerischen und symbolischen Zwecken (**Abb. 7**).

Die Landschaftsmalerei ist vielleicht die Kunstform, die am ehesten mit den nordischen Ländern in Verbindung gesetzt wird. Diese Länder wurden sogar noch zu Moores Lebzeiten vom übrigen Europa größtenteils als unermesslich, abgelegen und menschenleer angesehen – 1900 betrug die Bevölkerung des ungleich kleineren Großbritanniens das Dreifache Skandinaviens. Das mag erklären, warum britische Kunsthistoriker es lange Zeit versäumten, nordische Kunstströmungen in ihre Bewertungen der internationalen Kunstszene einzuschließen. Ein bedeutendes Korrektiv wurde durch die große Ausstellung gesetzt, die vom Nordischen Rat und dem Arts Council of Great Britain im Jahr 1986 organisiert wurde, dem Todesjahr Moores.[9] Der Katalog zu dieser Ausstellung hob wie ähnliche Veröffentlichungen zuvor und seither hervor, dass die Kunst in den nordischen Ländern Mitte des 19. Jahrhunderts mit der Einrichtung der ersten Kunstschulen und Akademien zum Leben erwacht sei. Man beschrieb sie als Neuankömmling in der europäischen Kunstszene und in großem Ausmaß abhängig von den früheren Errungenschaften ihrer holländischen Nachbarn. Obwohl diese Einschätzung zweifellos von beschränkten Parametern ausging, erkannte sie die unleugbare Konzentration auf die Landschaft als Kern dessen, was die einzigartige nordische Strömung in der Kunst ausmacht. Die Verbindung von Finnland, Dänemark, Norddeutschland, Schweden, Norwegen und Island beruhte sowohl auf politischen Allianzen als auch darauf, dass sie sich als eine Gruppe Gleichgesinnter am Rand der Welt empfanden, wobei ihre kulturelle Affinität zur Natur zum Teil auf die Vielfalt und Unbilden einer ähnlichen Landschaft und eines ähnlichen Klimas zurückzuführen war. Die skandinavische Landschaft war jedenfalls für die Briten ab Mitte des 19. Jahrhunderts zum Inbegriff von Wildnis und Einsamkeit geworden und begann Künstler anzuziehen, die Wälder, Berge, Wasserfälle und Fjords zu malen suchten.

Britische und nordische Interessen waren innerhalb des literarischen Ferments, das in ganz Nordeuropa im späten 18. Jahrhundert wirkte, schon früher miteinander im Einklang gewesen. Die in Deutschland durch Johann

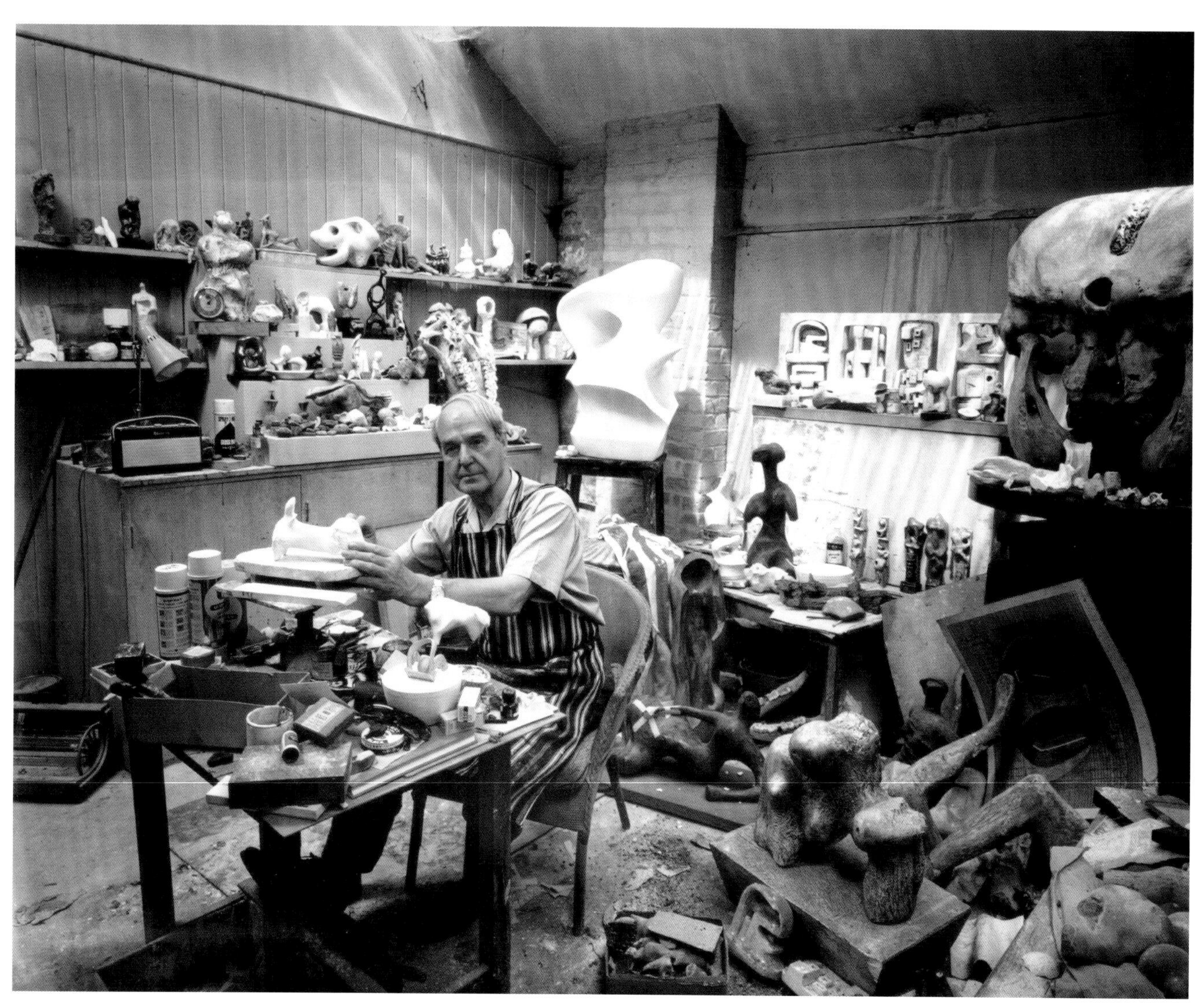

5 Henry Moore im Bourne Maquette Studio umgeben von Kunstwerken, gesammelten Fundstücken und einem Elefantenschädel, ca. 1968

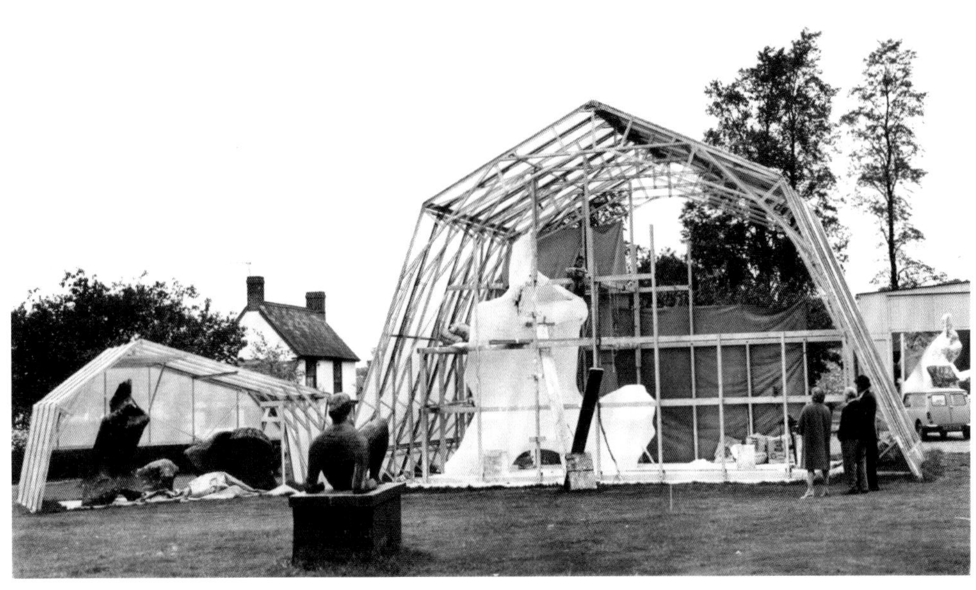

6 Henry Moore und Besucher vor seinem Bildhauer-Atelier in Perry Green, mit einem Teil der Skulptur *Reclining Figure* von 1969

Wolfgang von Goethe (1749–1832) angestoßene Bewegung des Sturm und Drang setzte über die Kunst, Musik und Literatur leidenschaftliche romantische Kräfte frei, deren Auswirkungen von folgenden Generationen empfunden wurden. Die Beliebtheit der Gothic Novel (Schauerroman) rief eine zunehmende Faszination durch den Gedanken an Furcht und Schrecken hervor, in deren Mittelpunkt die Beschwörung flüchtiger Naturerfahrungen stand.[10] Vor diesem Hintergrund trat die Landschaftsmalerei dank ihrer Fähigkeit, das Geheimnisvolle und Unbekannte einzufangen, als bedeutendes Genre in den Vordergrund. Vorstellungen über das Sublime in der Natur waren in die Welt gesetzt und die Stimmungen der Natur mit Emotionen der Menschen verknüpft.

Darüber hinaus verband man die Natur explizit mit der Offenbarung des Göttlichen. Die nordische Kunst wurde zum Synonym der erhabenen Landschaft. Sie verherrlichte die machtvollsten Formen und Kräfte der Natur, und Künstler wie Johan Christian Dahl (1788–1857) und Marcus Larson (1825–1864) griffen zur Rhetorik des Sublimen, um ihre heimische Szenerie zu schildern. Diese neue künstlerische Ära gestaltete die Geschichte des Christentums zu einer Allegorie in einer pantheistischen Landschaft um. Vor allem die Schriften britischer Naturdichter übten bei der Verbreitung der Vorstellung, das Göttliche in der Natur anzubeten, großen Einfluss aus und waren in Skandinavien bekannt. Die Natur mit ihrer allumfassenden Totalität jenseits menschlichen Begriffsvermögens wurde zu einer symbolischen Darstellung des Unendlichen und einer Botschaft der Erlösung.[11] Darüber hinaus übte die Erfahrung der Landschaft an sich einen suggestiven Einfluss auf die Seele aus. In der englischen Romantik wird das nirgends deutlicher demonstriert als in den Werken von Samuel Palmer (1805–1881), dessen harmonische Hirtenszenen das Schwinden eines Zeitalters der Einfachheit und Gläubigkeit betrauern, in dem die

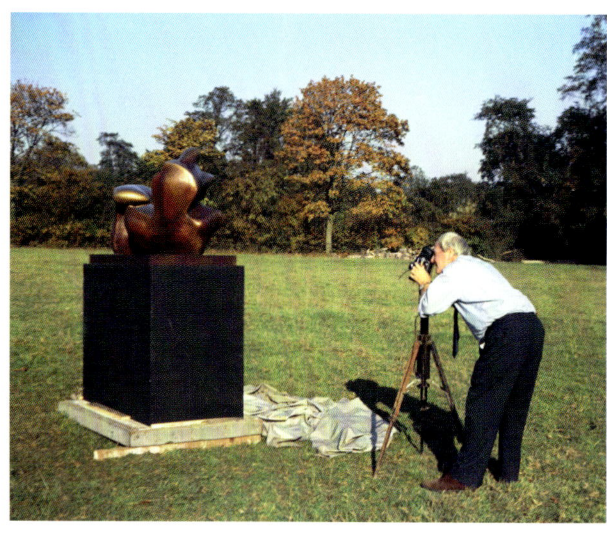

7 Henry Moore photographiert die Skulptur *Working Model for Two Piece Reclining Figure: Points* von 1969–70

Gesellschaft durch die Landwirtschaft und die Einhaltung religiöser Vorschriften verbunden war. Palmer lebte von 1826 bis 1835 in Shoreham, Kent, und scharte eine Gruppe von Malern um sich, die sich The Ancients (die Alten) nannten und der nostalgischen Sehnsucht nach einem verschwundenen Arkadien im Sinne Vergils nachhingen.

Fast hundert Jahre nachdem Palmer Kent verlassen hatte, kam Moore dort an. Das Werk des älteren Künstlers dürfte ihm sicherlich bekannt gewesen sein, nicht zuletzt aufgrund seiner Freundschaft mit Graham Sutherland (1903–1980), dessen Frühwerk sich stark an Palmer anlehnt und eine Art englischer Neo-Romantik vertritt. Eine solche neoromantische Bewegung herrschte auch ab den 1890er-Jahren unter den jungen nordischen Künstlern vor, die sich zugunsten von Mystizismus und Symbolismus von der realistischen Behandlung der Landschaft und dem Experimentieren mit Plein-air-Techniken der Franzosen abwandten. Es entwickelte sich eine besondere Nationalromantik, für die auf ein Repertoire von Wäldern, Seen und entlegenen Provinzen, kombiniert mit dem eisigen Zauber des Winters und der Magie des sommerlichen Dämmerlichts, also den Charakteristika der Geographie des Nordens, zurückgegriffen wurde, um vereinfachte Landschaftskompositionen mit monumentalen Bauwerken darzustellen.

Nach dem Aufruhr der napoleonischen Kriege, in denen territoriale und politische Grenzen in der Region signifikant verschoben wurden, sehnte man sich vor allem nach einem Gefühl nationaler Identität. Vormals bestehende religiöse und monarchistische Identitäten waren massiv verletzt worden, und die Notwendigkeit eines neuen ideologischen Standpunktes wurde offensichtlich. Bilder der alten Norse-Kultur kamen in Umlauf und die Motive aus Mythen und Wildnis vermittelten Macht und Lebenskraft. Die Erhabenheit der ungezähmten Natur wurde als wesentliches Element der kulturellen und politischen Identität Skandinaviens erkannt, und was zuvor als öde und leer beschrieben wurde, wurde mit deutlichen moralischen Zwischentönen neu definiert.[12]

Matti Klinger hat gezeigt, dass sich Spannungen zwischen den nordischen Ländern zunehmend auflösten und ein nordisches Bewusstsein entstand, während größere internationale Gegensätze aufkamen. Er hebt die Wichtigkeit des Leitbilds »Norden« für die Nordeuropäer hervor und weist darauf hin, dass in den Nationalhymnen von Finnland, Schweden und Norwegen nicht das jeweilige Land als Objekt der Liebe besungen wird, sondern »der Norden«. Darüber hinaus entstand im kollektiven Bewusstsein der Begriff des »naturverbundenen Menschen«. Die Betonung lag auf der Überlegenheit des Landlebens gegenüber der Verfeinerung und dem Luxus der Stadt. Unter diesen »unfruchtbaren und kalten klimatischen Bedingungen« konnten nur die »physisch und moralisch Überlegenen überleben«. Die Glorifizierung von Armut und Einfachheit wurden ein Merkmal nordischer Identität.[13]

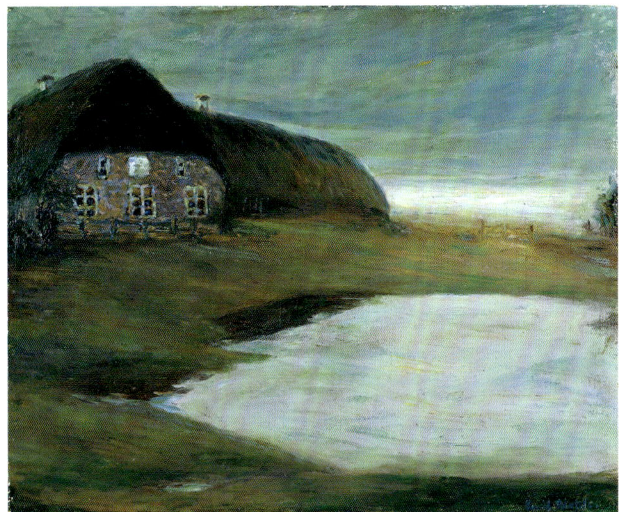

8 Emil Nolde, *Heimat*, 1901, Öl auf Leinwand, 57 × 70,5 cm, Nolde Stiftung Seebüll

Wenngleich Dänemark auf eine schon länger etablierte künstlerische Tradition zurückblickte und Kopenhagen viele Jahre hindurch die künstlerische Kapitale der Region war (das Eingangstor zur Vermittlung internationaler künstlerischer Entwicklungen), erklärt vielleicht der Mangel an Entsprechungen auf anderen Gebieten, warum die Maler sich häufig dauerhaft in ihrer jeweiligen Heimatregion niederließen. Das führte zu einem Gefühl regionaler Identifikation, das sich auch bei Moore offenbarte. In seinen letzten Lebensjahren beschrieb Moore sich selbst: »Ich bin Yorkshire«.[14] Die Affinität zur Region ist offensichtlich tief empfunden – er spricht nicht von sich als einem Yorkshire-Mann oder einem in Yorkshire Geborenen, sondern nennt so kühn wie einfach die Grafschaft als Synekdoche für den Charakter. Laut Helen Pheby bezeichnet Moores Freund, der ebenfalls aus Yorkshire stammende Herbert Read, die Männer der Region als sachlich und objektiv, Eigenschaften, die sie »davor bewahren, vollkommen mystisch zu sein«.[15] Ob letzteres für Moore zutrifft, ist diskutierbar. Pheby erwähnt auch, dass es eine politische Dimension bei Moores Beschäftigung mit der Landschaft gab, die als neuer egalitärer und eindeutig moderner sozialer Raum galt.[16]

Der norwegische Künstler Thomas Fearnley (1802–1842), dessen aus Yorkshire stammender Großvater 1753 als Angestellter der Hull Trading Company nach Norwegen auswanderte, ist ein passendes Verbindungsglied zwischen Yorkshire und den nordischen Ländern. Im Jahr 1836 besuchte er Großbritannien und ging 1837 nach Hull. Er war der erste norwegische Künstler, der 1837 an der Royal Academy ausstellte. Seite an Seite mit J. M.W. Turner (1775–1851), Edwin Henry Landseer (1802–1873), William Etty (1787–1849) und (posthum) John Constable (1776–1837). Er schreibt ein wenig scharfzüngig über Turners »Effekte«, aber sein verlängerter Aufenthalt im Lake District spricht Bände über seine Affinität zu Nordengland und sein Verhältnis zum Land seiner Herkunft.[17]

Emil Nolde, der Moore in zeitlicher Hinsicht näher stand, hegte wie dieser starke Gefühle für seine Heimat. Er sprach von Blut-und-Boden-Idealen, aber verband diese – vielleicht anders als Moore – mit einer mystischen Beziehung zwischen Mensch, Erde, göttlichen Wahrheiten und einer Geschichte der Nationen.[18] Nolde wurde 1867 in der Nähe von Tondern geboren und verbrachte sein ganzes Leben in diesem Landstrich an der deutsch-dänischen Grenze. In seiner vierbändigen Autobiographie schrieb er tiefsinnig über die Rolle des Landes und der Natur: »In Naturverneinung konnte ich nicht arbeiten, in bejahendem, vertieftem Naturmöglichen nur vermochte ich mich zu finden.« Und: »Die Natur umwerten unter Hinzufügung des eigenen Seelisch-Geistigen läßt die Arbeit zum Kunstwerk werden.«[19] Indem er die Landschaft mit einer derartigen metaphysischen und pantheistischen Philosophie tränkte, beschwor Nolde nicht nur die romantischen Landschaften seiner Vorgänger, sondern auch die einzigartige nordische Konzeption der Stimmungslandschaften – empfindungsgeladenen

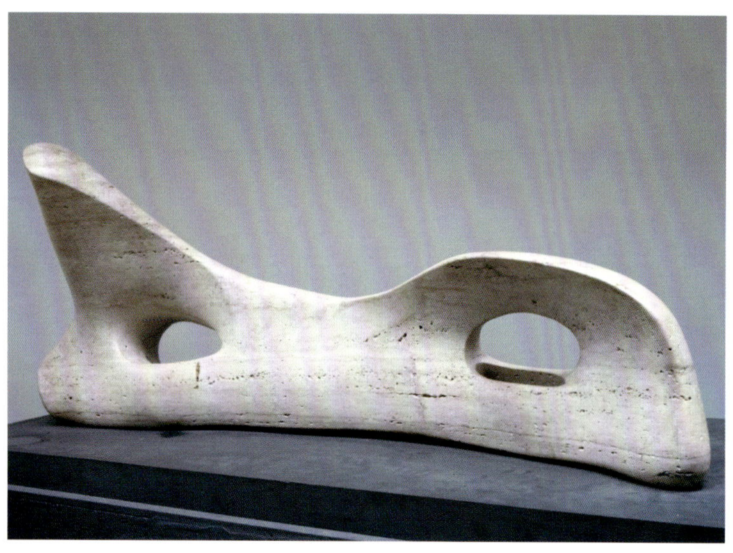

9 Henry Moore, *Reclining Figure: Bone*, 1975, Travertin, 157,5 cm, LH 643, The Henry Moore Foundation

Szenen, in denen die Natur als Metapher der inneren Vision wirkt (**Abb. 8**).

Diese emotionalen Landschaften, in denen die äußeren Formen mit subjektiven Seelenzuständen übereinstimmten, waren jahrzehntelang ein sich entwickelndes Kennzeichen nordischer Kunst gewesen. Die Natur wurde mit immer reicheren Ebenen von Gefühlsinhalten angefüllt, während die Künstler die Bereiche zwischen beobachteter Natur und innerem Fühlen erforschten. Der schwedische Maler und Schriftsteller Richard Bergh (1858–1919) schrieb: »Das Drama, das sich täglich vor unseren Augen abspielt, drückt unserem inneren Wesen seinen Stempel auf [...] jede Landschaft ist ein Gemütszustand.« Die Extreme der Natur, zweifellos von den im Norden tätigen Malern selbst erlebt, waren eine Metapher für die essentiellen Elemente menschlicher Erfahrung: Wachstum und Tod, Freude und Schmerz, »der harte Winter, die Erlösung des Frühlings, im Hochsommer gipfelnd«.[20] Eine derartige Natur-Mystik legte das Fundament zu Edvard Munchs (1863–1944) psychischem Naturalismus und seiner Erkundung nicht nur der Freuden der Landschaft, sondern der düsteren Wechselfälle irdischer Existenz.

Der Ausdruck Erdlebenbild wurde von dem norddeutschen Künstler Carl Gustav Carus (1789–1869) geprägt, der die Ansicht vertrat, der Landschaftsmaler müsse die Natur nicht als feststehende Form, sondern als lebenden Organismus begreifen.[21] Diese Auffassung wird von Moore übernommen, der zwar die Landschaft nicht per se geschildert haben mag, sie aber vollkommen in seinem Werk verkörpert. Von ihm wird der »naturverbundene Mensch« der nordischen Tradition nicht nur symbolisch, sondern auch formal realisiert, nämlich in der Synthese von Mensch und Erde, zu der es in seiner Skulptur kommt (insbesondere in seinen Liegenden) (**Abb. 9**). Diese erfährt eine unaufhörliche Belebung durch die jeweilige Umgebung mit ihrer ständig wechselnden Geographie und Atmosphäre, in der Moore seine Skulpturen aufstellen ließ. Hier besteht ein Synkretismus zwischen dem Bildhauer und der nordischen Tradition – beide bauen auf eine tiefe Verbindung zwischen dem Menschen, seinem Umfeld und der Natur als Ausdruck von Lebenskraft.

1 Henry Moore, zit. nach Carlton Lake, »Henry Moore's World«, in: *Atlantic Monthly*, Jg. 209, Januar 1962, H. 1, S. 42.

2 Vgl. Henry Moores Aufzeichnungen 1937, in: Alan Wilkinson (Hrsg.), *Henry Moore. Writings and Conversations*, Aldershot 2002, S. 116.

3 Vgl. Clive Bell, *Art*, London 1914, und Roger Fry, *Vision and Design*, London 1920.

4 Henry Moore, zit. nach Henry Moore, »Sculpture in Landscape«, in: *Selection*, Herbst 1962, S. 112.

5 Henry Moore, zit. nach Donald Hall, »Henry Moore. An Interview with Donald Hall«, in: *Horizon*, November 1960, S. 103.

6 Henry Moore, zit. nach John Hedgecoe, *Henry Spencer Moore*, London/New York 1968, S. 93.

7 Die Vorlesungen wurden später veröffentlicht: *Landscape into Art*, Middlesex 1949, dt. *Landschaft wird Kunst*, Köln 1962.

8 Ebd., S. 3–16, hier S. 4.

9 *Dreams of a Summer Night. Scandinavian Painting at the Turn of the Century*, hrsg. von Leena Ahtola-Moorhouse, Ausst.-Kat. Hayward Gallery, London 1986.

10 Die Ausführungen hier und im folgenden Abschnitt über die romantische Bewegung und die Tradition der Landschaftsmalerei gehen zurück auf Paul Spencer-Longhurst, *Moonrise over Europe. JC Dahl and Romantic Landscape*, London 2006.

11 Ebd.

12 Vgl. *Northern Lights. Swedish Landscapes from the Nationalmuseum, Stockholm*, hrsg. von Paul Spencer-Longhurst, Ausst.-Kat. The Barber Institute of Fine Arts, University of Birmingham, Birmingham 2009.

13 Vgl. Matti Klinger, »The North, Nature and Poverty. Some Background on the Nordic Identity«, in: *Dreams of a Summer Night* 1986 (wie Anm. 9), S. 48–53, besonders S. 50–51.

14 Henry Moore, maschinengeschriebener und handschriftlich lektorierter Entwurf für *Auden Poems. Moore Lithographs*, 1974, zit. nach Helen Pheby, »Back to a Land«, in: *Henry Moore. Back to a Land*, Ausst.-Kat. Yorkshire Sculpture Park, Wakefield 2015, S. 22.

15 Ebd.

16 Ebd., S. 15.

17 Zu diesen und weiteren Informationen zu Fearnley siehe Ann Sumner und Greg Smith (Hrsg.), *In Front of Nature. The European Landscapes of Thomas Fearnley*, London 2012.

18 Vgl. Victor H. Miesel (Hrsg.), *Voices of German Expressionism*, London 2003, S. 30.

19 Emil Nolde, *Jahre der Kämpfe. 1902–1914*, hrsg. von der Stiftung Seebüll Ada und Emil Nolde, Berlin 1934, 2. überarb. Aufl. Flensburg 1958, 7. Aufl. Köln 2002, S. 221–222, S. 120.

20 Richard Bergh wird besprochen und zitiert von John House, »An Outside View«, in: *Dreams of a Summer Night* 1986 (wie Anm. 9), S. 18–28, hier S. 22.

21 Wie von Spencer-Longhurst in *Moonrise over Europe* 2006 (wie Anm. 10), S. 46, beschrieben. Enthüllt in 1831 veröffentlichten Briefen des Künstlers.

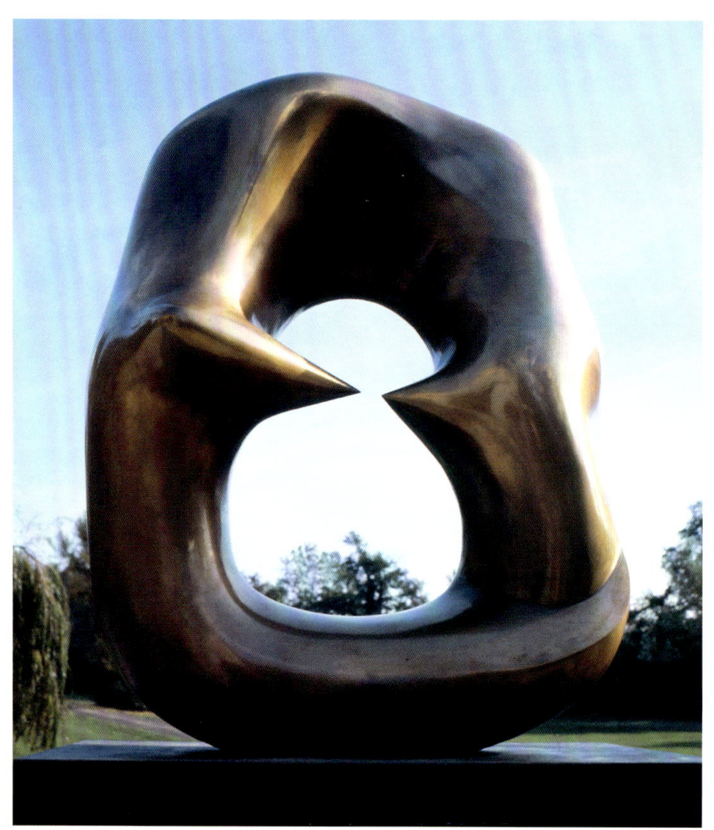

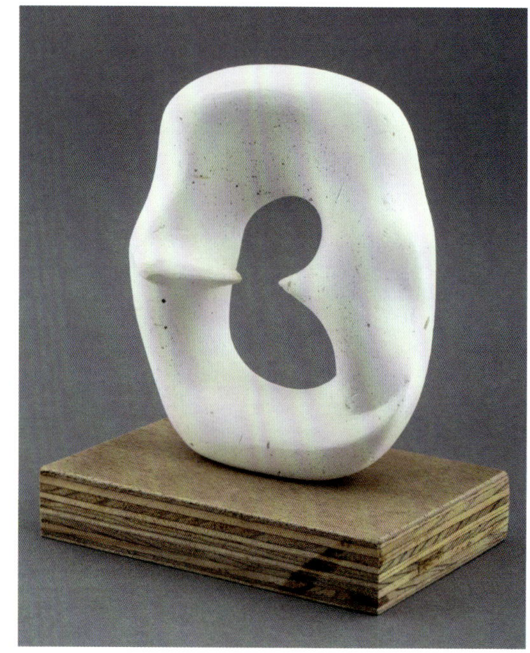

Working Model for Oval with Points, 1968–69

Maquette for Oval with Points, 1968

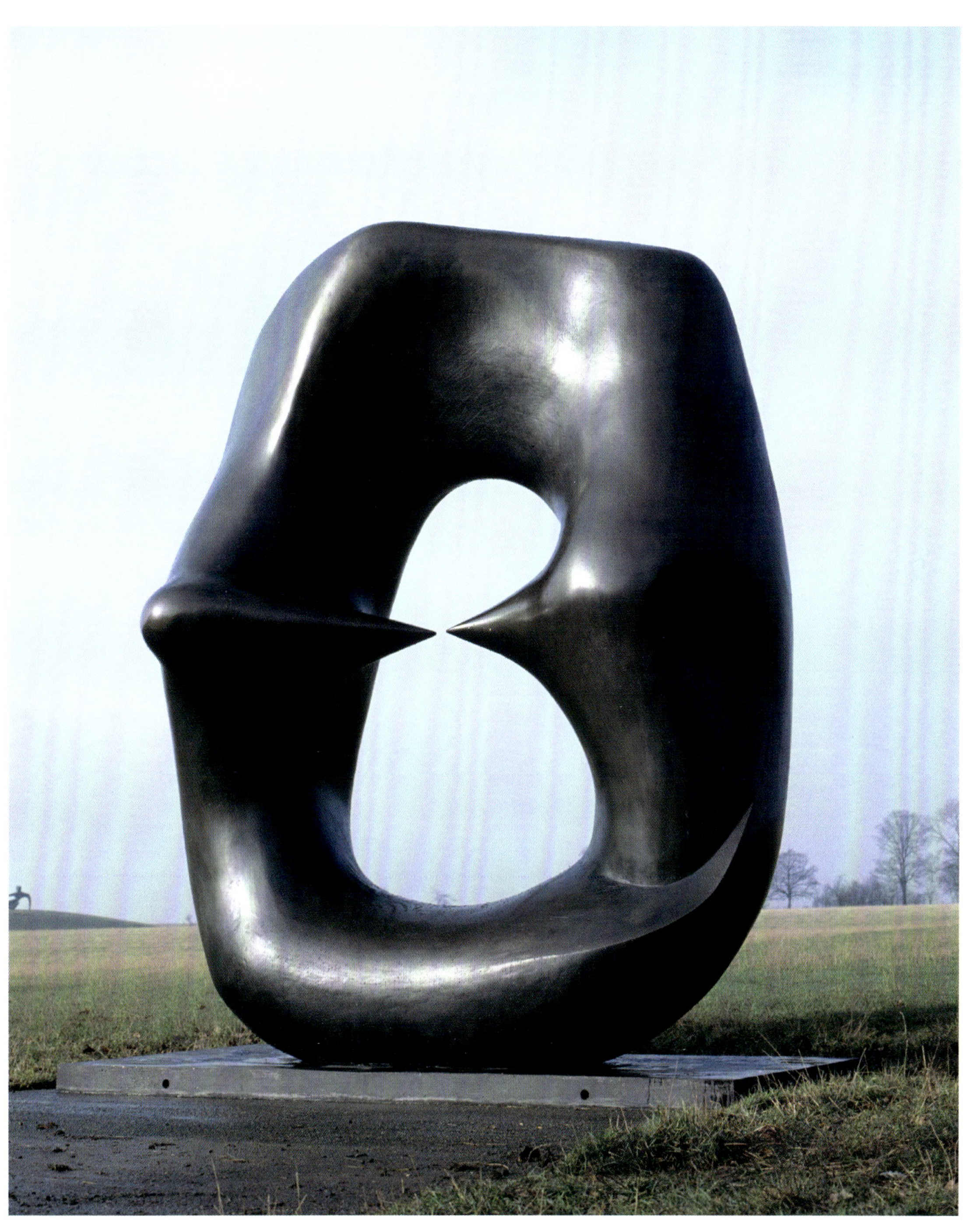

Oval with Points, 1968–1970

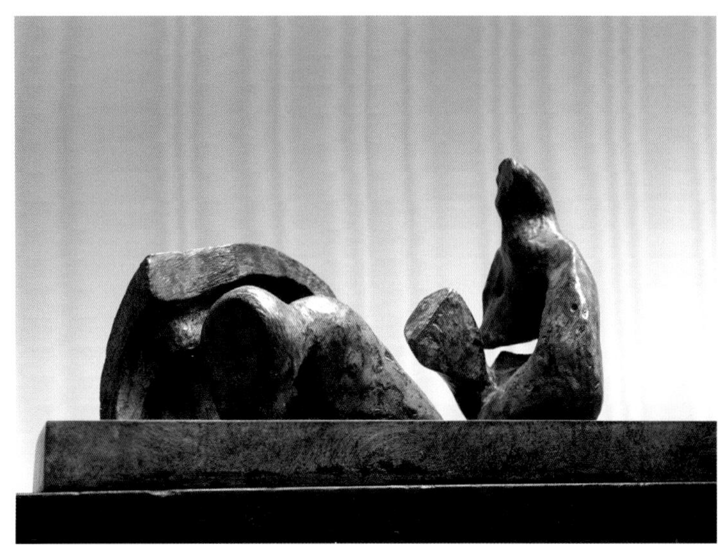

Maquette for Three Piece Reclining Figure: Draped, 1975

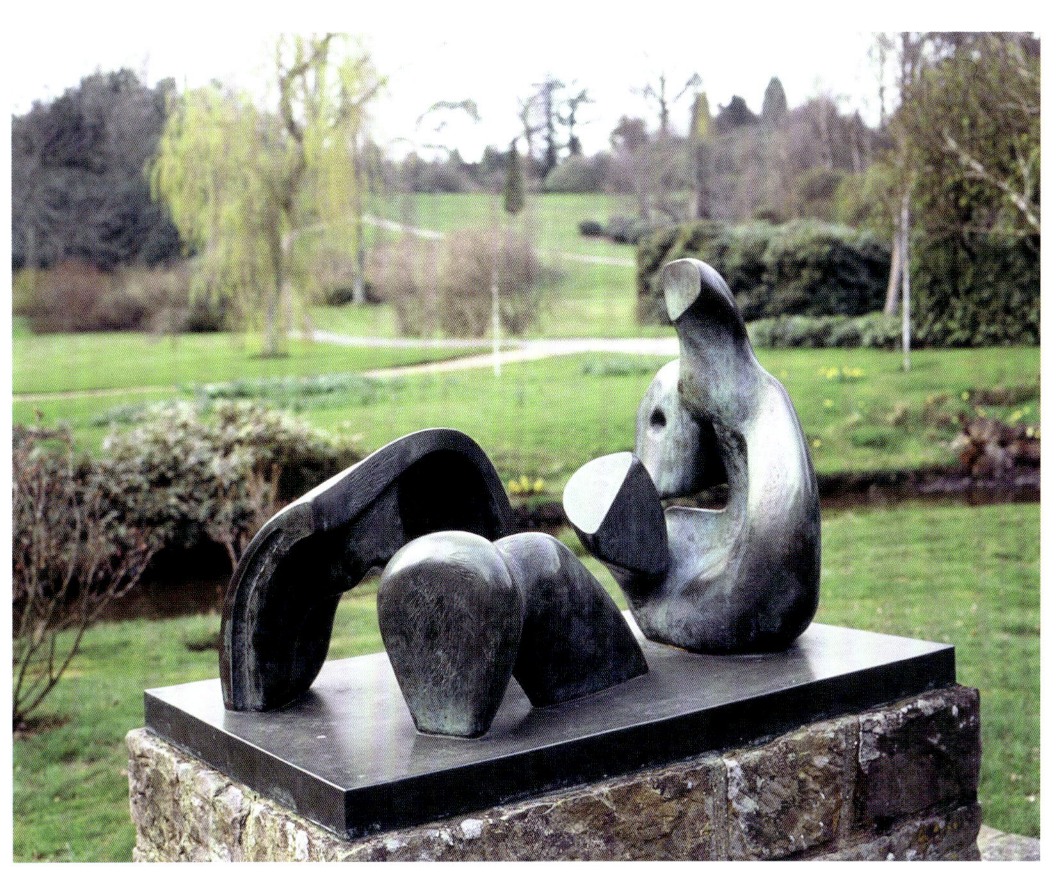

Working Model for Three Piece Reclining Figure: Draped, 1975

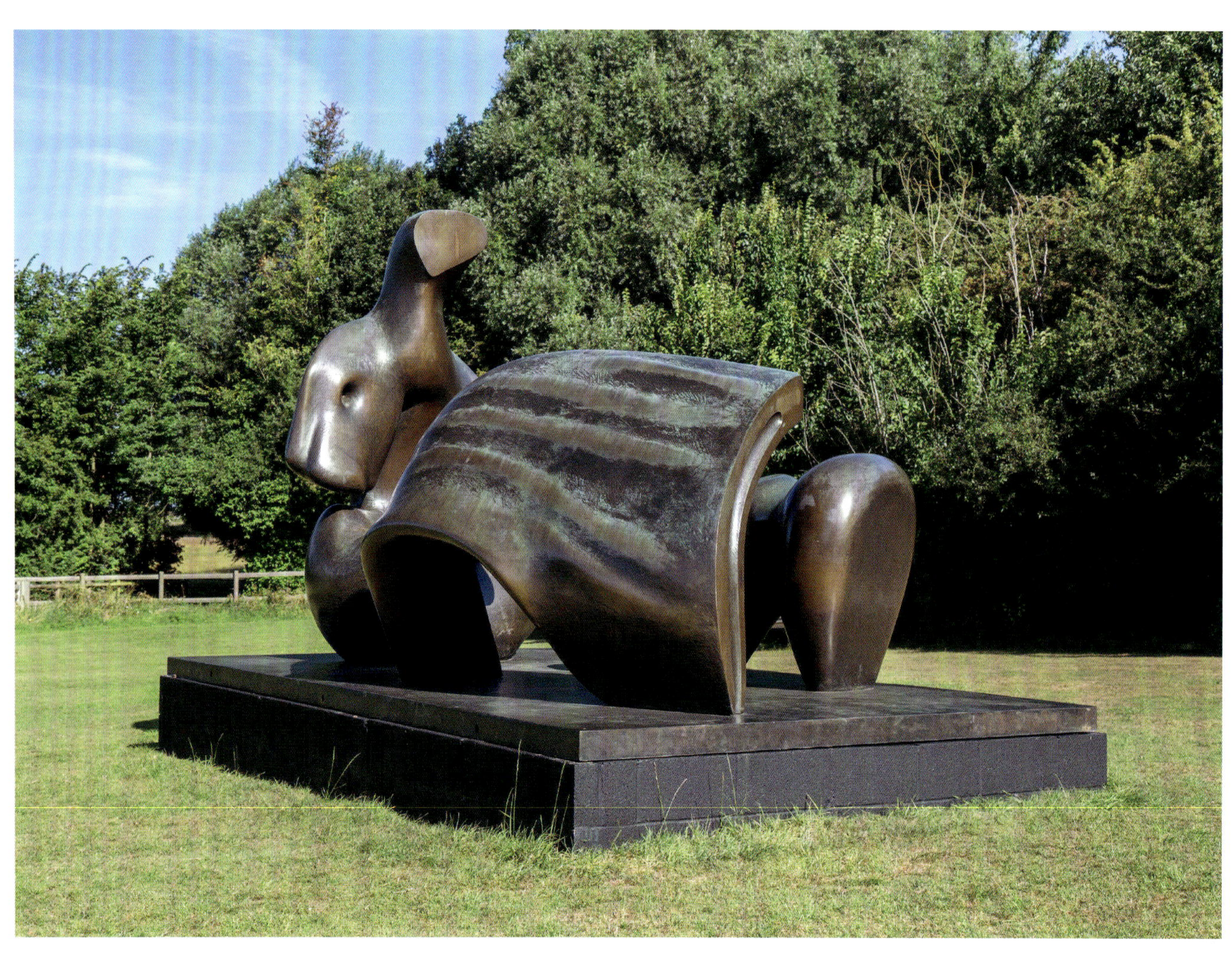

Three Piece Reclining Figure: Draped, 1975

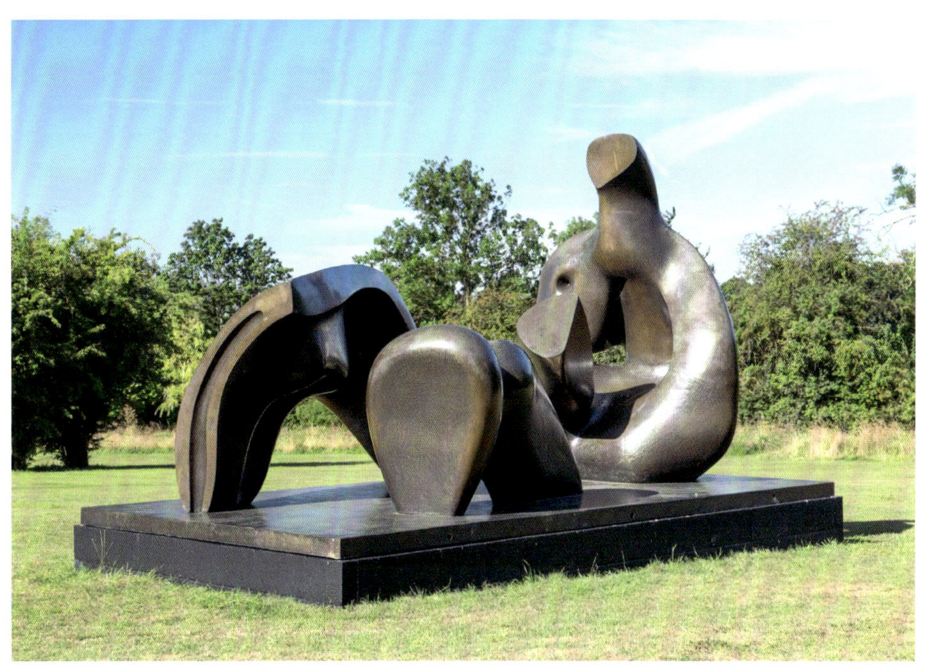

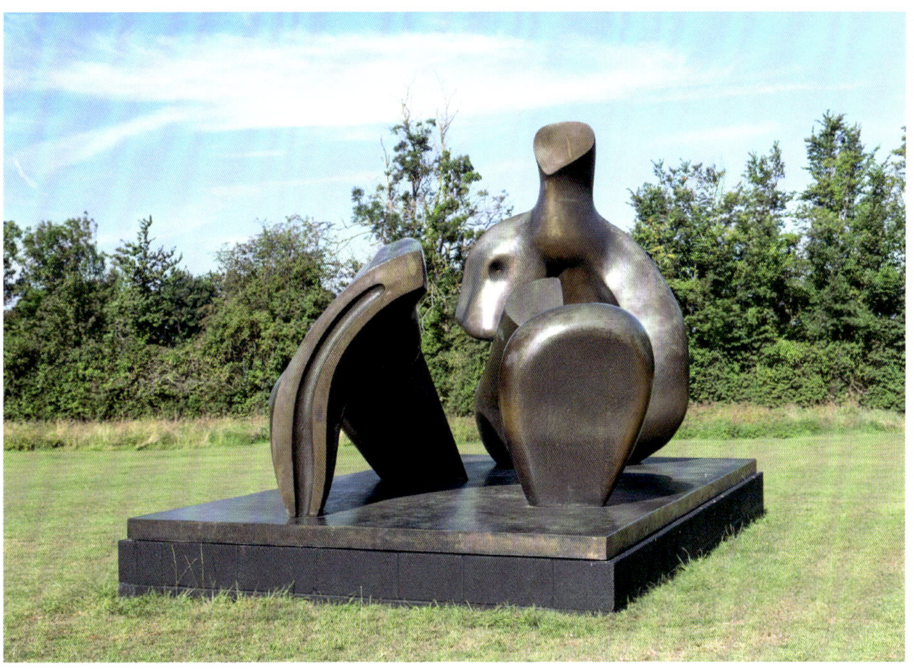

Three Piece Reclining Figure: Draped, 1975

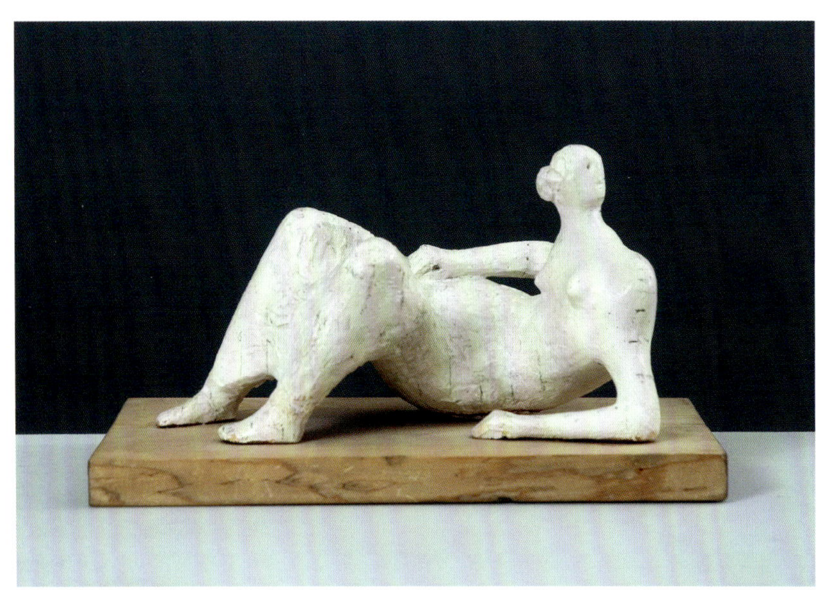

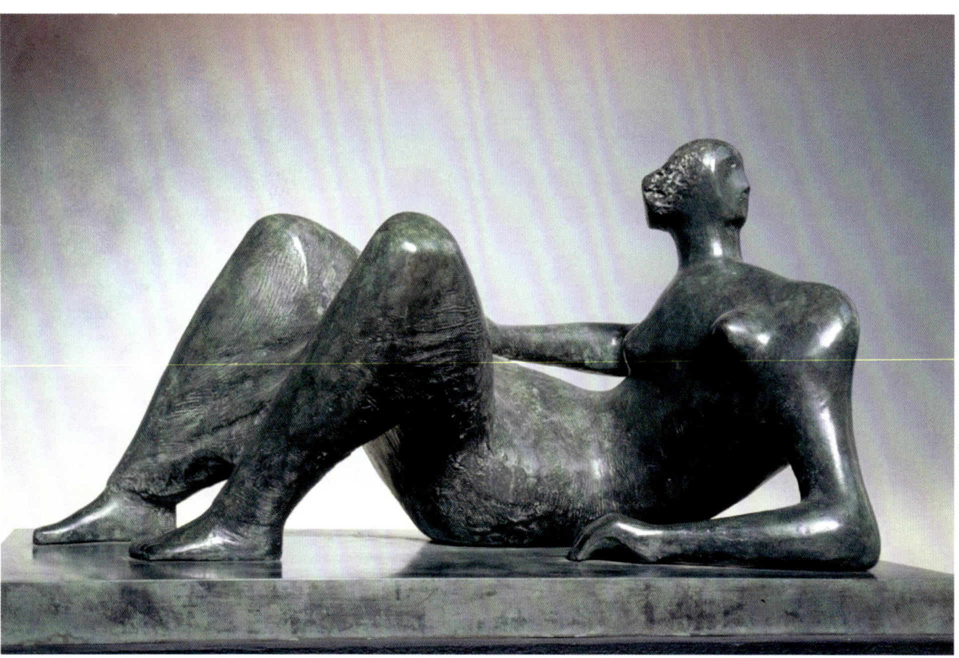

Maquette for Reclining Figure: Angles, 1975

Working Model for Reclining Figure: Angles, 1975–1977

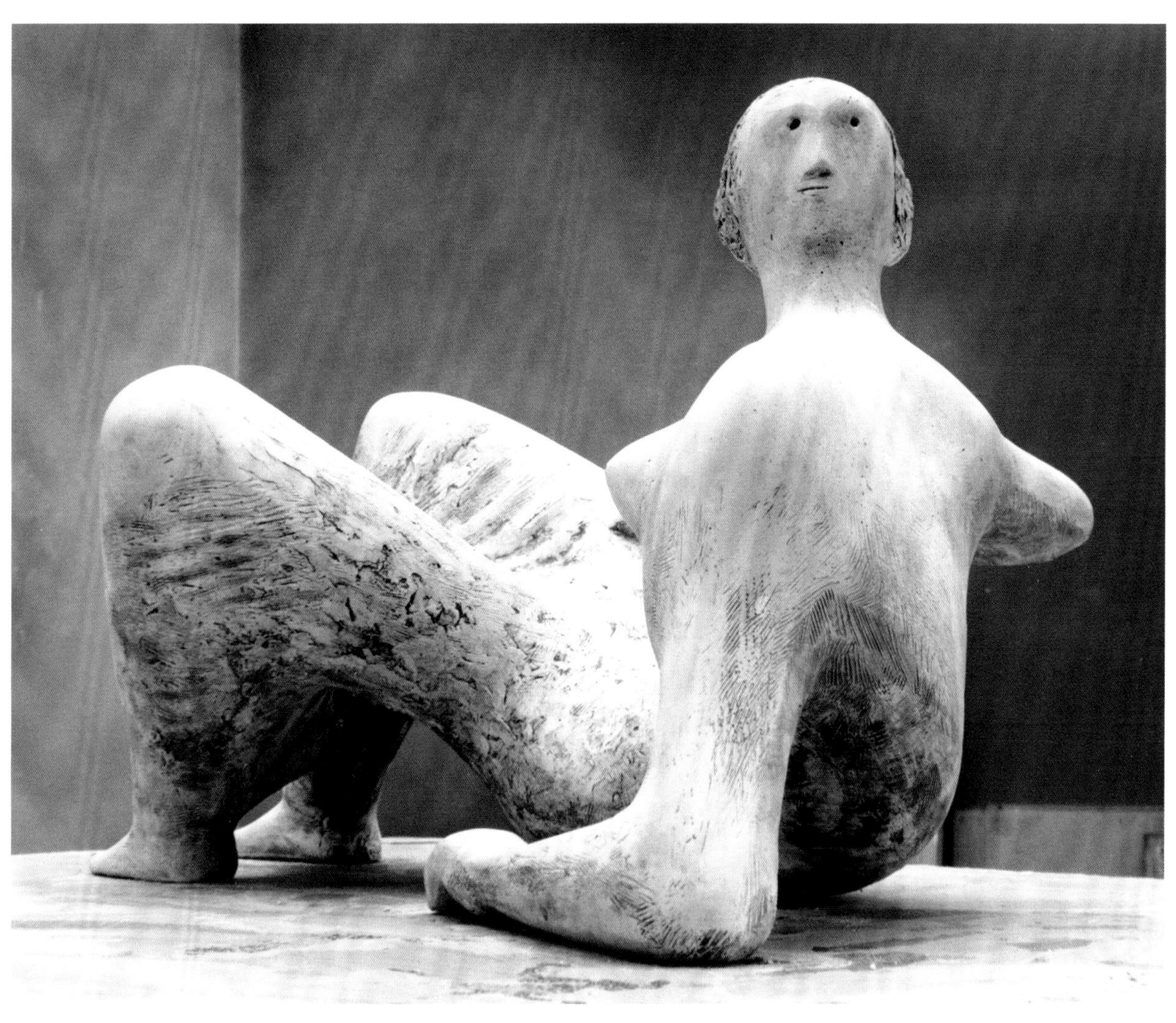

Reclining Figure: Angles, 1979

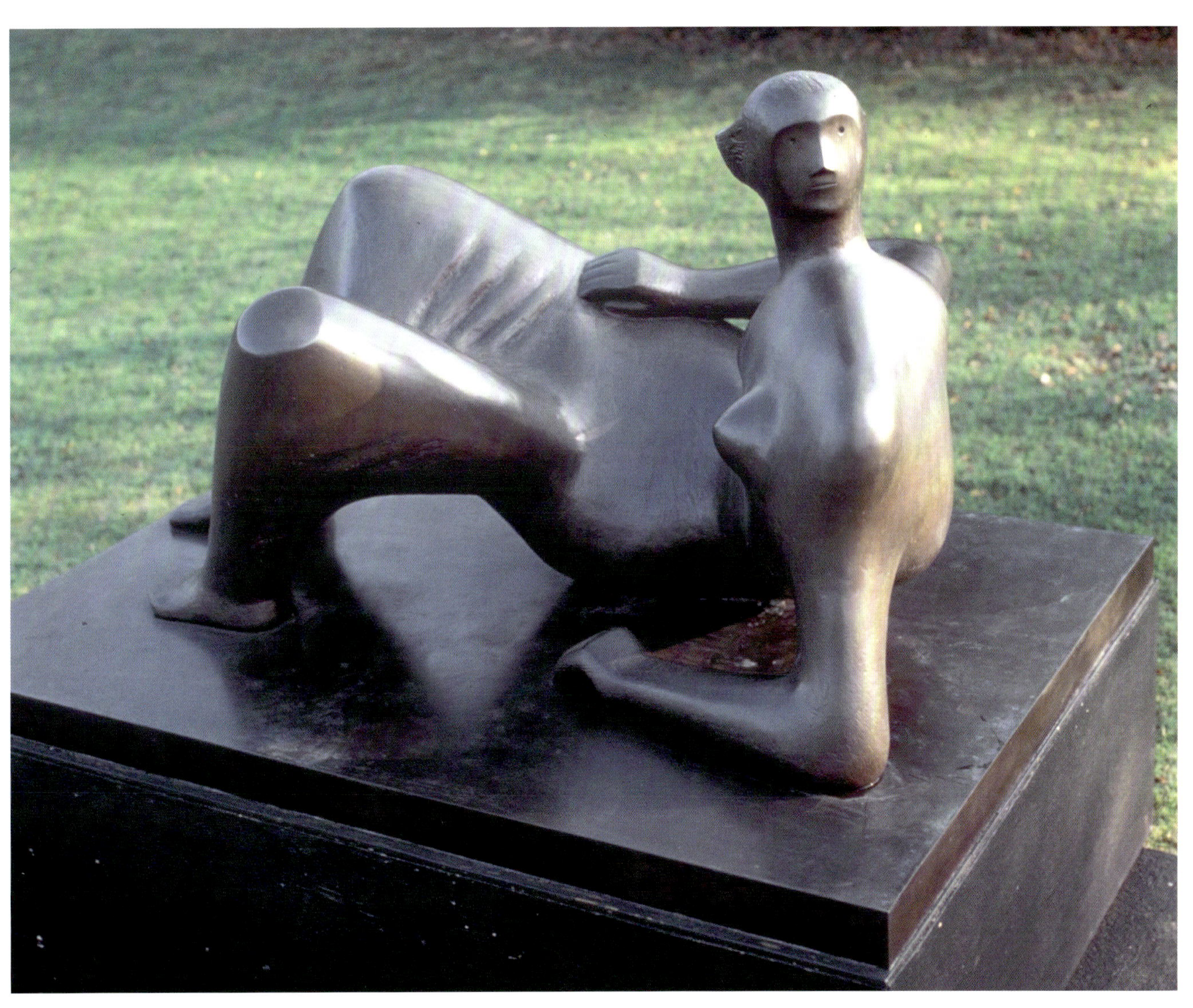

Reclining Figure: Angles, 1979

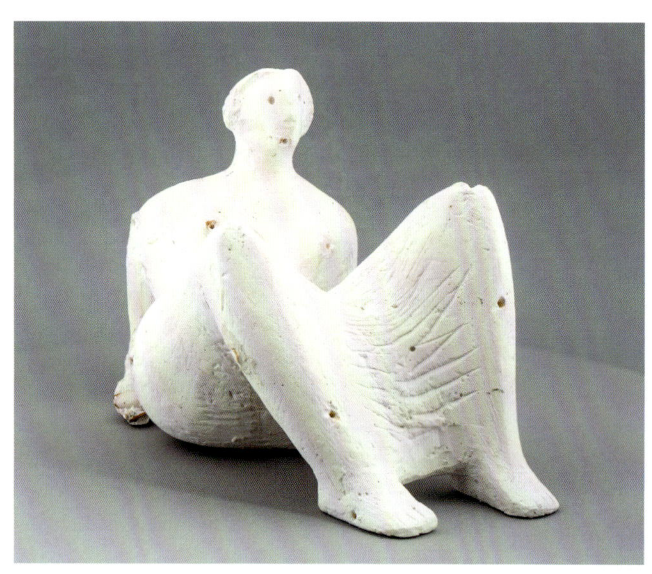

Maquette for Draped Reclining Figure, 1976

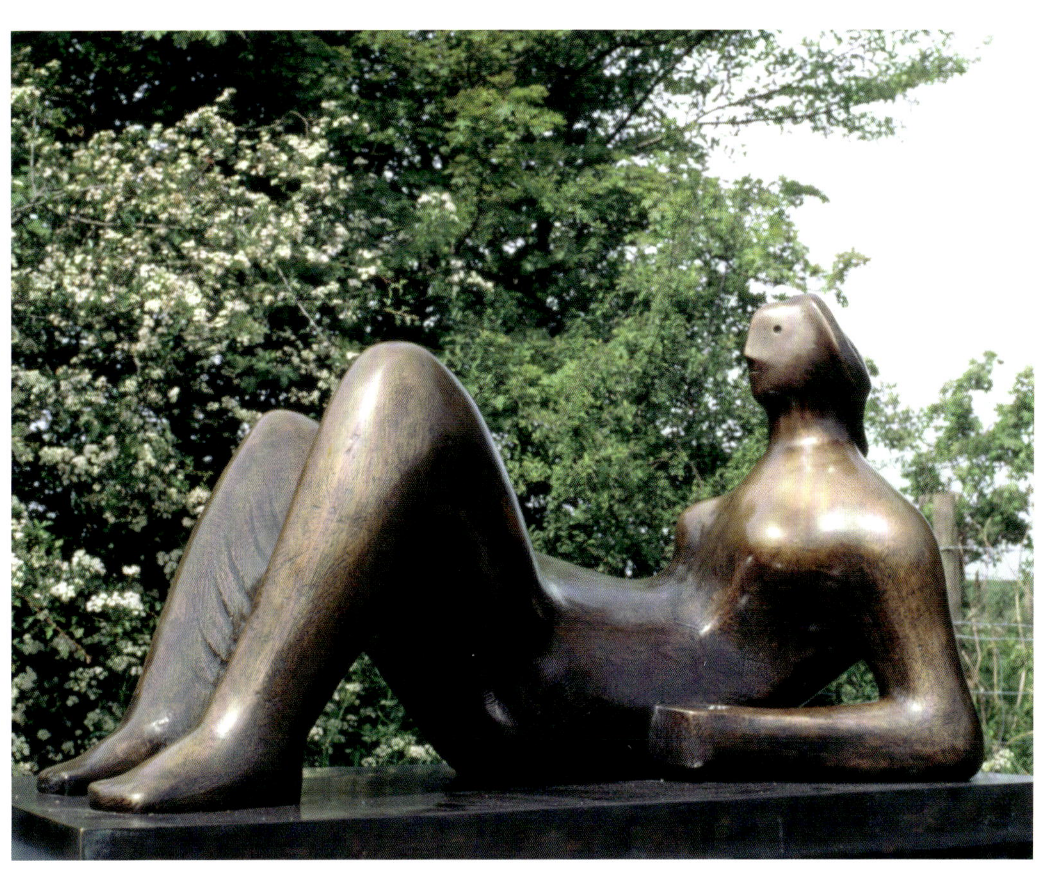

Working Model for Draped Reclining Figure, 1976–1979

»Versuche tiefer Griffe ins übervolle All der Natur«

Emil Nolde und Henry Moore

Astrid Becker

Emil Nolde und Henry Moore sind zwei unangefochtene Größen in der Kunst des 20. Jahrhunderts. Nolde erobert seine Position in der Kunstgeschichte als ebenso rigoroser wie virtuoser Maler expressiver Farbigkeit; Moore gilt als Inbegriff des bahnbrechenden Bildhauers. Sein enormer Einfluss auf eine Generation nachfolgender Künstler weltweit ist epochal. Auch und insbesondere in Deutschland berufen sich Nachgeborene eher auf die Impulse des Briten aus Yorkshire als auf die des heimischen Nordfriesen – wenngleich die Rezeptionsgeschichte zu Nolde noch zu schreiben ist. Sie einander gegenüberzustellen, erscheint kühn. Doch neben dem offensichtlich Trennenden begegnen dem Suchenden überraschende Berührungspunkte.

Emil Nolde trifft Henry Moore

Zwischen Emil Nolde (1867–1956) und Henry Moore (1898–1986) liegt eine ganze Generationsspanne. Nolde ist längst ein anerkannter, wenn auch umstrittener Künstler, als Moore in den 1930er-Jahren die Kunstweltbühne betritt. Gleichwohl ist es kaum wahrscheinlich, dass der an Kunstgeschichte hochinteressierte Jüngere den Etablierten zu diesem Zeitpunkt wahrnehmen kann. Moore hat Deutschland noch nicht besucht, und aktuelle deutsche Kunst ist auch Jahrzehnte nach der »Urkatastrophe des 20. Jahrhunderts«[1] kaum im Vereinigten Königreich präsent.[2]

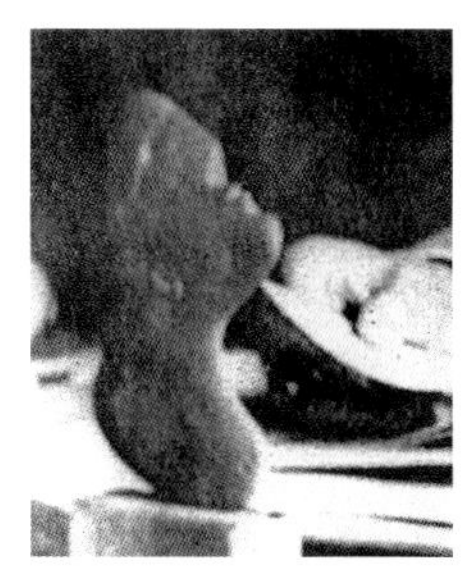

1 Henry Moore, *Head*, 1930, Hämatit, 15,4 × 9,6 cm, LH 88a, verschollen (Ausschnitt aus Abb. 4)

Zwei Kunsthistoriker, deren Leidenschaft für die deutsche Moderne sie zusammenführt, sind für das Beziehungsgeflecht beider Künstler entscheidend: der deutsche Museumsdirektor Max Sauerlandt (1880–1934) und der britische Dichter und Schriftsteller Herbert Read (1893–1968). Seit der ersten Begegnung mit Nolde 1913 ebnet Sauerlandt mit seinem Schreiben und Wirken maßgeblich dessen Weg zum Erfolg.[3] Der Künstler schätzt den mit seiner Feder »scharf u. sachlich« Treffenden, dessen »Auffassung vom Wesen der Kunst tief u rein« erscheint, sehr.[4] Auf einer Dienstreise lernt Sauerlandt im April 1923 Read kennen, der seit 1922 die Abteilung Keramik im Londoner Victoria & Albert Museum als Kustos leitet und eine Affinität zur deutschen Kultur hegt.[5] Für Sauerlandt ist »Herbert Read [...] ein ungewöhnlich vielseitig gebildeter, sehr intelligenter Mann, der allen modernen geistigen Fragen offensteht und neben der französischen vor allem die deutsche Entwicklung zu verfolgen bemüht ist«.[6] Schon bald verbindet sie eine fruchtbare Freundschaft. Read macht 1929 über Sir Eric Maclagan, Direktor des Victoria & Albert Museum, die Bekanntschaft mit dem fast gleichaltrigen Moore. Was Sauerlandt für Nolde ist, wird Herbert Read für Henry Moore: Der konstitutive Interpret seiner Kunst unter den Zeitgenossen, mit ihm verbunden in enger Freundschaft. Als der von Sauerlandt protegierte Bildhauer Gustav Heinrich Wolff (1886–1934) auf seiner

England-Reise im Januar 1931 Read besucht, ermutigt dieser ihn, Moore aufzusuchen. Es ist eine schicksalhafte Begegnung. Wolffs enthusiastischer Bericht über den aufstrebenden Gleichgesinnten – »Der Bildhauer Moore ist durchaus nicht zu vernachlässigen, Sie müssen ihn aufsuchen, so ein lauterer Charakter. Ich möchte wünschen, dass verschiedene seiner Sachen in Deutschland bekannt würden.«[7] – führt seinen Förderer bei nächster Gelegenheit Ende Februar 1931 direkt ins Atelier von Moore.[8] Im April 1931 erwirbt Sauerlandt aus Moores zweiter Einzelausstellung in den Londoner Leicester Galleries einen kleinen steinernen Profilkopf (**Abb. 1**) und sieben Studienblätter für das Museum für Kunst und Gewerbe in Hamburg[9] – es handelt sich um Moores erste Museumserwerbung und die entscheidende Verbindung zu Nolde. Sauerlandts Begeisterung für die Kunst Noldes überträgt sich auf Read. Der Brite verfasst 1931 den Artikel »Moderne Deutsche Kunst«, der in autorisierter Übersetzung von Sauerlandt erscheint. Darin streicht er Nolde als den »hervorragendste[n] unter den modernen deutschen Malern« und als »Ausdruck des Geistes dieser Zeit« heraus und sieht das Hervorstechende im Kolorit: »[…] sein Gefühl der Farbe wurde durch Erfahrung bereichert. Es gibt keinen modernen Maler, nicht einmal Matisse, dessen Gemälde so intensiv vibrieren, wie die Noldes.«[10] Drei Abbildungen begleiten den Text: *Der Pascha*, 1912, der Apostel Johannes, ein Detail aus *Pfingsten*, 1909 (**Abb. 2**), und *Mann mit junger Tochter*, 1926. Und Nolde ist begeistert: »Wie schön ist das was Read schreibt u. die Reproduktionen sind gut gedruckt, besonders gut.«[11] Es ist als Wertschätzung zu verstehen, dass der Künstler dem britischen Kunsthistoriker den ersten Band seiner gerade erschienenen Autobiographie *Das eigene Leben* schicken möchte. Über Sauerlandt gelangt die Publikation zu Read, der beeindruckt reagiert: »Wie stark und klar die Persönlichkeit des Mannes aus den Seiten hervorsticht, sogar durch den Schleier einer Fremdsprache! Und wie wahr […] die Aphorismen von Kunst und Genie, die er aus dem Herzen seiner eigenen Erfahrung hört!«[12] Anhaltend fasziniert, zieht er den Norddeutschen als zentrales Thema seiner nahenden Wintervorlesung über deutsche Kunst in Erwägung.[13] Noch 1933 hebt er Nolde in seiner Publikation *Art Now* heraus, begleitet von drei Abbildungen: das Gemälde *Familie*, 1931 (**Abb. 3**), und die Aquarelle *Marschlandschaft mit Mühle*, 1931, sowie *Paar (Blau und Violett)*, 1933.[14] Seit seiner Bekanntschaft mit Read ist Sauerlandt bestrebt, die deutsche Moderne ins englische Bewusstsein zu rücken. Die Präsentation einer Auswahl zeitgenössischer deutscher Kunst in London – wozu Nolde frühzeitig seine Teilnahme signalisiert[15] – scheitert letztlich am frühen Tod Sauerlandts 1934. Doch erreicht er mit Reads tatkräftiger Unterstützung und mit

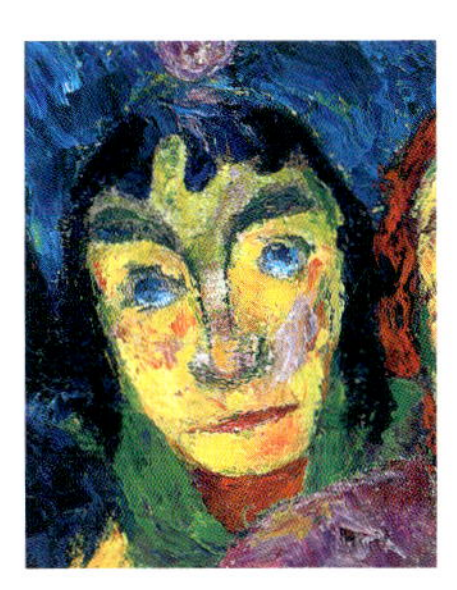

2 Emil Nolde, Apostel Johannes, Detail aus *Pfingsten*, 1909, Öl auf Leinwand, 87 x 107 cm, Nationalgalerie, Staatliche Museen Preußischer Kulturbesitz, Berlin

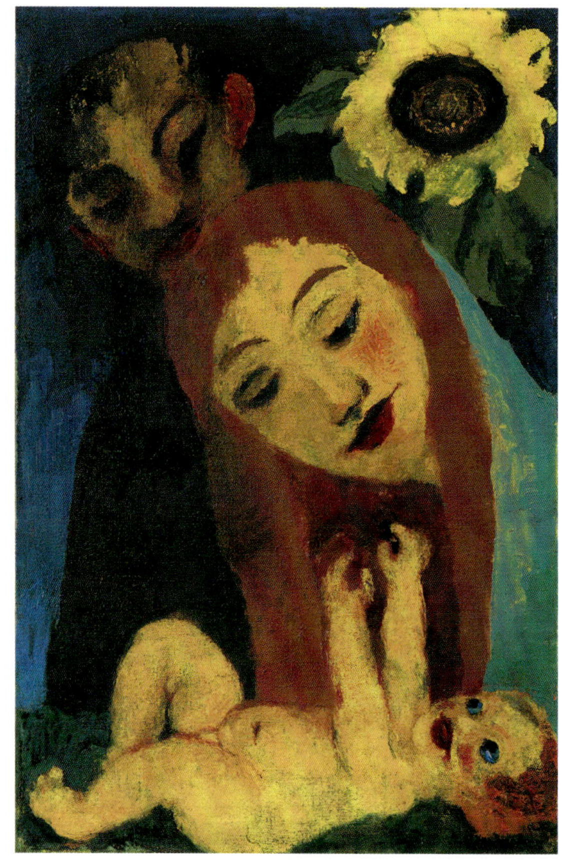

3 Emil Nolde, *Familie*, 1931,
Öl auf Leinwand, 111,5 × 74 cm,
Nolde Stiftung Seebüll

Hilfe des Ehrenausschusses, zu dem auch der Freund und Förderer Noldes Gustav Schiefler gehört, dass am 26. Juni 1932 die Ausstellung *Neue Englische Kunst* im Hamburger Kunstverein unter Hildebrand Gurlitt eröffnet. Über die Vernissage berichtet Sauerlandt dem Künstler: »Heute ist nun die englische Ausstell[un]g eröffnet. Es war natürlich ein großes Gedränge, mehr Menschen als Gemälde und Skulpturen. [...] Die Plastik ist im Ganzen weiter und stärker als die Malerei, aber grad sie ist sehr einseitig, sehr unter dem bestimmenden Formeinfluss des einen Henry Moore, von dem ich schon im vorigen Jahr eine kl. Arbeit und einige Zeichn[un]g[en] für d[as] M[u]s[eum]. kaufte.«[16] Es ist der unerwartete und bahnbrechende Beleg, dass Nolde über den dreißig Jahre jüngeren Moore im Bilde ist. Da der Bericht nicht näher erklärend auf den Briten eingeht, scheint er ein grundsätzliches Wissen vorauszusetzen. Es liegt im Bereich des Wahrscheinlichen, dass sowohl Wolff, der Nolde auf Anregung Sauerlandts 1928–29 in Ton modelliert, 1929 postalisch aus London grüßt[17] und ihn anschließend mehrfach besucht, als auch Sauerlandt selbst, mit dem der Diskurs über künstlerische Fragen besonders eng ist, sich mit Nolde über ihre Eindrücke in England und somit über den positiv ins Auge gefallenen Moore austauschen. Auch könnte Nolde den von Sauerlandt 1931 erworbenen Profilkopf des Bildhauers auf dessen Schreibtisch im Museum für Kunst und Gewerbe (**Abb. 4**) bemerkt haben, denn Besuche dort sind belegt,[18] wenn auch selten. Moore hingegen wird spätestens in seinen Gesprächen mit Read und durch dessen Veröffentlichungen von Noldes Wirken erfahren haben und Abbildungen kennen. Die bislang einzige bekannte Quelle in seinem gesellschaftlichen Umkreis, die den Namen des Nordfriesen nachweislich nennt, scheint von Moores Interesse an dem großen Expressionisten Nolde auszugehen: So lädt 1971 Hjördis Roubiczek, die Frau des Philosophen Paul Roubiczek, Moore zu sich ein, weil er vielleicht »ein schönes Nolde Gemälde (es ist reine Poesie)«[19] aus ihrer Sammlung betrachten möchte. Insgesamt beurteilt sowohl das Umfeld Moores als auch dasjenige Noldes das Schaffen des jeweils anderen überaus positiv. Dies mag nicht ohne Einfluss geblieben sein. Doch welche Schlüsse die Künstler selbst ziehen, muss derzeit offen bleiben.

Mentale Landschaften

Ihre Herkunft und der heimatliche Landstrich beeinflussen Werden und Wirken Emil Noldes und Henry Moores. Die Formensprache des Bergmannssohns aus dem Norden Englands ist tief geprägt von den sanften Hügeln und imposanten Felsen seiner Jugend in Yorkshire.[20] Undenkbar sind die Motive und leuchtenden Farben des Bauernsohns aus dem Norden Deutschlands ohne das Spiel der atmosphärischen Himmelsphänomene, weithin sichtbar in der endlosen Ebene mit den von Menschenhand geschaffenen Warften Nordfrieslands.

Die Verbundenheit mit der Natur zieht beide Künstler aufs Land. Auf ihre Weise gestalten sie mit den von ihnen ausgewählten Anwesen ein Gesamtkunstwerk. Moore erwirbt um sein Landhaus Hoglands in Perry Green nach und nach weitere Liegenschaften, die er in seinen persönlichen Skulpturenpark umwandelt (**Abb. S. 10–11**). Nolde erbaut mit Seebüll ein Wohn- und Atelierhaus mit anliegendem Blumengarten nach seinen eigenen Entwürfen (**Abb. S. 104–105**). Für beide sind es erschaffene Oasen der Ruhe und der Genese, des Ungestörtseins und des Schöpferischen. Während Nolde in Seebüll den absoluten Frieden sucht und in seinem Berliner Zweitwohnsitz den geselligen Ausgleich findet, ist Moore auch in Hoglands für seine »legendäre Gastfreundschaft«[21] berühmt.

Beide Künstler bewegt eine tiefe Religiosität. Moores Glaube wird durch die Vorbereitungen zur Konfirmation entfacht, wenngleich er seit seinem freiwilligen Einsatz als Soldat im Ersten Weltkrieg den Kirchgang meidet.[22] Nolde wächst in einer gottesfürchtigen Umgebung auf,[23] in der seine Brüder ihren protestantischen Glauben als Erweckungsprediger ausleben und die in ihm selbst zeitweise den Wunsch reifen lässt, als Missionar zu wirken. Ihnen gemein ist, dass sie ihre Glaubensstärke später nicht aus der Institution Kirche und deren Geboten ziehen, sondern aus einem tief verinnerlichten Gefühl, für das Noldes Worte gelten mögen: »In stiller Zurückhaltung und Bescheidenheit fühle ich mich als tiefreligiöser Mensch, aber nicht dogmatisch gebunden. Lutherisch, katholisch kirchlich, das sind alles nicht göttliche sondern menschliche Bildungen.«[24] Anders als bei Moore greift die religiöse Thematik bei Nolde unmittelbarer auf das Künstlerische über und spiegelt sich unter anderem in den sogenannten »biblischen und Legendenbildern«.

Auch in ihren politischen Einstellungen gibt es anfänglich nahe Positionen. Moores Standpunkt ist dem linken Spektrum zuzuordnen, und er steht kommunistischen Ideen nicht fremd gegenüber.[25] Nolde zeigt sozialistische Tendenzen, die er gegenüber seinem langjährigen Freund Hans Fehr vehement vertritt.[26] Noch zur Wahl zum vierten Deutschen Reichstag am 20. Mai 1928 kann er dem Kommunismus etwas abgewinnen: »Ich konnte nicht wählen. Hätte auch nicht gewußt, was ich wählen sollte, denn von den Nationalen bis zu den Kommunisten hat jede Partei meine Zustimmung und sogleich Widerspruch. Gedanklich beschäftigen die gegensätzlichen Richtungen einen am ehesten. Ich mag so gern das Deutschtum wie es schön ist. Auch im Himmel ist Kommunismus. Seligsein der Seligen.«[27]

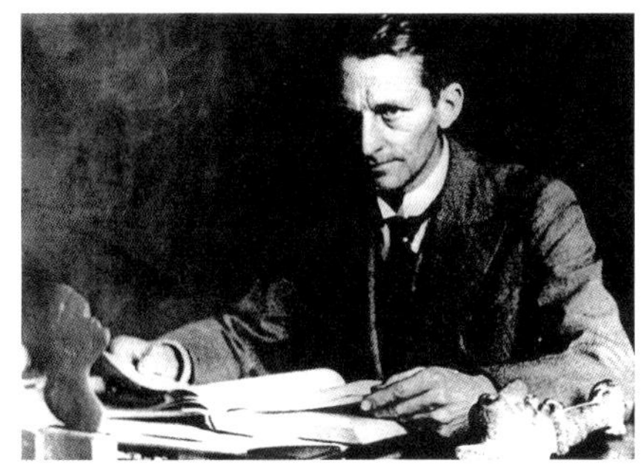

4 Die Skulptur *Head*, 1930, LH 88a, von Henry Moore auf dem Schreibtisch von Max Sauerlandt im Museum für Kunst und Gewerbe, Hamburg, nach Februar 1931

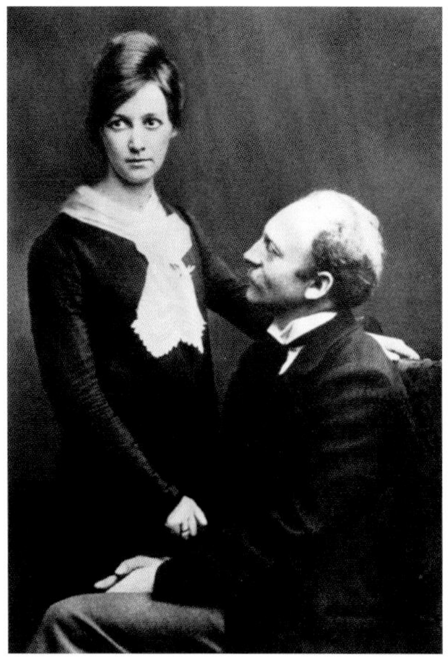

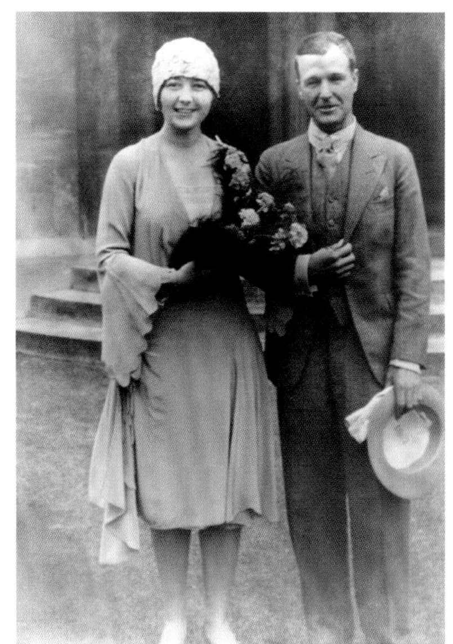

5 Hochzeitsfoto von Ada und Emil Nolde, Februar 1902

6 Hochzeitsfoto von Irina und Henry Moore, Juli 1929

Während Moore seinen politischen Überzeugungen treu bleibt und zu einem entschiedenen Gegner des Nationalsozialismus und Faschismus wird, überwiegt bei Nolde die Faszination völkischer, neo-romantischer Vorstellungen. Schließlich sympathisiert er mit dem nationalsozialistischen Regime in Deutschland, das jedoch seine Bilder als »Verfallskunst« verfemt und dessen Anerkennung seiner Kunst er dennoch bis 1945 erhofft.

Sowohl für Nolde als auch für Moore spielt das weibliche Geschlecht eine besondere Rolle. Beide Künstler vereint eine tiefe Verbundenheit mit ihren Müttern, Hanna Christine Hansen (1830–1902) und Mary Moore (1857–1944). Mit Verständnis und Warmherzigkeit bereiten sie ihre Söhne auf die für Bauern und Bergarbeiter ungewöhnlichen Lebenswege vor. Deren innere Leidenschaft brennt für die Kunst, und selbst die Liebe hat dahinter zurückzustehen. Für Nolde ist nur allein die »die Befähigste«, die »Alles, Alles im Leben der Kunst ihres Mannes unterordnen kann«[28]. Aber der ausschließliche Anspruch ist hoch. Lange sehnt er sich schmerzlich nach Zweisamkeit, bis schließlich die dänische Pastorentochter Ada Vilstrup (1879–1946) ihm ihr ganzes Dasein widmet (**Abb. 5**). Moore hingegen ist fest davon überzeugt, dass ein ernsthafter Künstler, wie beispielsweise Michelangelo oder Beethoven, nur mit seiner Kunst verheiratet sein sollte. Die Begegnung mit der in Kiew geborenen Kunststudentin Irina Radetsky (1907–1988) bekehrt den bis dahin Unbelehrbaren. Von nun an argumentiert er, dass auch Rembrandt vermählt war und Bach sogar zwanzig Kinder hatte.[29] Neun Monate nach ihrem Kennenlernen geben sie sich das Jawort (**Abb. 6**). Der aufgeschlossene, gesellige und wortreiche Brite und der zurückhaltende, menschenscheue und wortkarge Deutsche finden in ihren Ehefrauen die kongeniale und komplementäre Gefährtin fürs Leben. »The perfect pair«[30] – als das perfekte Paar wird Mary Moore (*1946) ihre Eltern später bezeichnen, und auf ihre Weise trifft dies ebenso auf Ada und Emil Nolde zu.

Ideelle Wertmaßstäbe

Obgleich nahezu eine ganze Generation auch künstlerischer Entwicklung zwischen Emil Nolde und Henry Moore liegt und ihre Kunstgattung sowie ihr Formengestus unterschiedlich sind, finden sich in ihrer Gedankenwelt überraschende Überschneidungen. Beide

Künstler suchen dem Elementaren des Lebens, dem Ewiggültigen nahe zu kommen. So ist der Bildhauer von der Existenz einer »universellen Formensprache«[31] überzeugt, die sich selbst in den unscheinbarsten und oftmals unbemerkten Objekten wiederfindet – letztlich sind auch seine eigenen Formfindungen ein Teil davon. Der Maler strebt »momentanes Leben u. einige Gram Ewigkeit«[32] in seinen Werken zu vereinen. Während Moore sein Kunstwollen konkret und durchaus analytisch hinterfragt und artikuliert, bleibt Nolde in seinen Äußerungen abstrakter und allgemeiner.

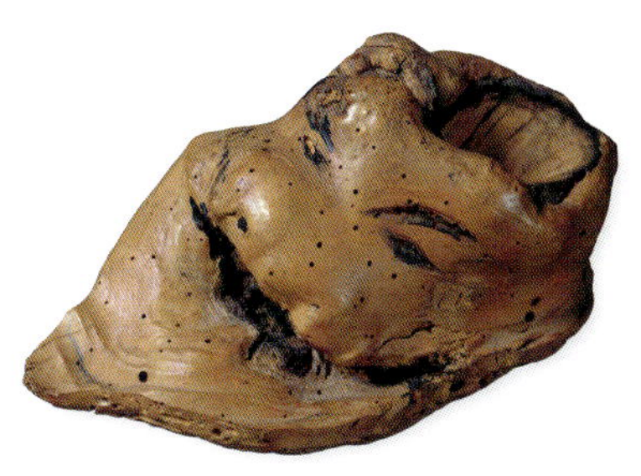

7 Emil Nolde, einer von neun Serviettenringen mit fratzenhaften Gesichtern, 1905, Holz und Tusche, Nolde Stiftung Seebüll

Um das Immerwährende und Wahrhaftige zu ergründen, bemühen sich beide Künstler in ihren individuellen Gestaltungsmitteln um geistige Größe und erhabene Einfachheit. Nolde strebt »Einfachheit u. Größe« an und führt »große einfache Luftstimmung, einfach monumental-große Figuren, prikelndes Leben« auf »größte concentrirte Einfachheit« zurück.[33] Für Moore ist die »wirkliche Einfachheit« erklärtermaßen ein Mittel zum Zweck, »weil man das Wesentliche nicht aus dem Auge verlier[en]« möchte. Denn »sie hält das Wesentliche fest, nicht, weil man die Einfachheit liebt, sondern nur, weil es etwas Wichtigeres gibt. Das Werk wird einfach, weil man etwas Großes hervorbringt, das eine große Aussage beinhaltet.«[34] Wie ein Künstler mittels Reduktion mentale Monumentalität zu veranschaulichen vermag, formuliert Moore schon früh in fünf für ihn grundlegenden »Wertmaßstäbe[n]«: Materialbewusstsein, Raumerfahrung durch dreidimensionale Ausführung, Beobachtung von Naturgebilden, Vision und Vitalität.[35] Sie könnten – leicht abgewandelt – ebenso für den Maler Nolde gelten.

Moore erweitert seine strikte Ansicht von »Materialgerechtigkeit«[36] der 1930er-Jahre zu einem offeneren Bewusstsein von Materialität ab den 1950er-Jahren. Aus dem Dogma wird Respekt vor dem zu bearbeitenden Medium: das richtige Material im Einklang mit dem besonderen Thema.[37] Die Substanz der Werkstoffe ist für den Maler weniger maßgeblich als für den Bildhauer. Gleichwohl legt Nolde zeitlebens großen Wert auf die Qualität seiner Gestaltungsmittel. Und im Aquarell gelingt ihm eine der Technik überaus angemessene Handhabung: Er nutzt die Willkür des Wasserlaufs mittels der Nass-in-Nass-Technik in einer von anderen Zeitgenossen kaum erreichten Virtuosität. In der Berücksichtigung der materiellen Beschaffenheit und deren gezielter Anwendung für die Idee besinnen sich die Künstler auf das Elementare der Dinge.

Sowohl für Nolde als auch für Moore ist die Natur die Urquelle alles Schöpferischen und langmütige Lehrmeisterin. Ohne der Mimesis zu verfallen, findet der Bildhauer seine Formen bei »Naturgebilden«[38] wie Knochen, Kieseln, Felsen, Bäumen und Pflanzen. Während Moore Naturfragmente als Impulsgeber sammelt, gestaltet Nolde wenige überlieferte Fundstücke, die er »kleine Besonderheiten« nennt, wie beispielsweise Serviettenringe – nachbearbeitet »mit ganz wenigen geschnitzten Zutaten Grotesken bildend«[39] – aus abgestorbenen Ästen (**Abb. 7**). Und was ist ursprünglicher als die Natur?

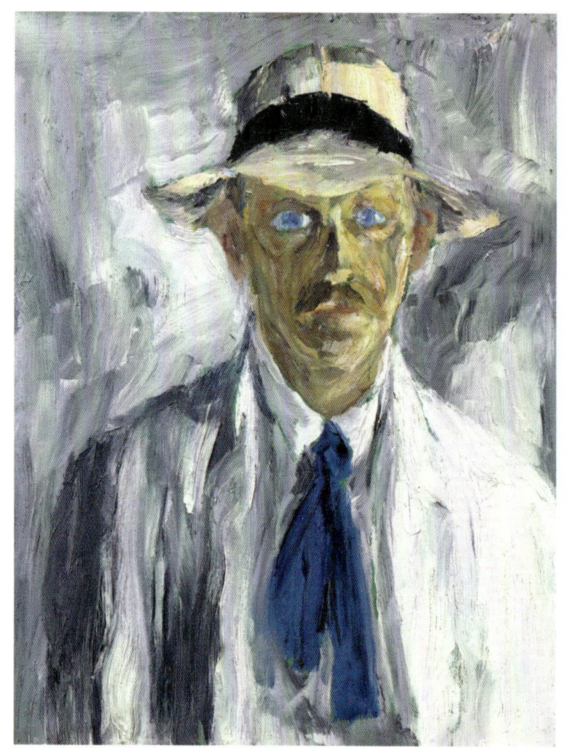

8 Emil Nolde, *Selbstbildnis* (als Mensch), 1917, Öl auf Sperrholz, 83 × 65 cm, Nolde Stiftung Seebüll

Denn die natürlichen Wachstumsverläufe offenbaren eine unerschöpfliche Formenvielfalt, die frei von Unnützem ist. Die Objekte in ihrer unterschiedlichen Beschaffenheit reagieren ihren spezifischen Eigenschaften gemäß variationsreich auf die formenden Kräfte der Natur – »Kiesel zeigen, wie die Natur den Stein bearbeitet«[40] – und enthüllen deren Form- und Rhythmusprinzipien. Moores »Inspiration wird, wie jede andere, von der Natur und von seiner Umwelt bestimmt, von der er Grundsätze wie Ausgewogenheit, Rhythmus, organisches Wachstum, Anziehung und Ablehnung, Harmonie und Gegensatz lernt«.[41] Auch für Nolde ist die Natur »der Boden auf den wir fussen müssen u. daraus wir alles beste schöpfen«.[42] Er wünscht sich tief in die Landschaft zu versinken, um »Urgestalt u. Urkraft«[43] zu durchdringen und darzustellen. Moore vergleichbar findet auch der Maler in den oftmals unbeachteten Naturobjekten wie Treibholz oder in »einer Handvoll Sand«[44] einen künstlerischen Schatz. Was insbesondere auf Noldes Landschaften zutrifft, mag für den Ansatz beider Künstler generell gelten: »Versuche tiefer Griffe ins übervolle All der Natur.«[45]

Es gilt einzutauchen in die Energien und Form- und Rhythmusprinzipien der Natur, sich inspirieren zu lassen, künstlerisch weiterzudenken und etwas Neues zu schaffen, das den Betrachter innehalten lässt. Dies geschieht nicht durch mechanisches Nachbilden des Gesehenen – dem Entdeckten widerfährt Umformung und hier kommt das »Vorstellungsvermögen«,[46] die Vision des Künstlers, ins Spiel. Nolde gelangt bereits früh – 1899 in Dachau – zur zentralen Erkenntnis, dass »je weiter man sich von der Natur entfernt und doch natürlich bleibt, um so größer die Kunst«[47] ist. Der weiterhin in seiner Gestalt greifbare Darstellungsgegenstand verliert seinen Bedeutungsgehalt. Er wird zum Anlass, um das »eigene Seelisch-Geistige«[48] hinzuzufügen. Nolde vergleicht das, »was man malt«, mit dem Instrument eines Musikers[49] und hebt das subjektive Empfinden, das »ein wenig Mensch dazu«,[50] klar hervor. In diesem Sinne ist für ihn alle Kunst abstrakt.[51] Seine Vorstellungen finden in Moores Überlegungen einen Widerhall: Das Kunstwerk erlangt erst dann eine »vollere, tiefere Bedeutung«, wenn »das abstrakte und das menschliche Element in einem Werk verschmolzen sind«. Und in diesem Sinne sei auch für ihn »jede Kunst Abstraktion«.[52]

Doch was bedeutet für die beiden Künstler das »Seelisch-Geistige«, das »menschliche Element«? Moore findet für sich den Begriff »Vitalität«:[53] eine Ausdruckskraft, die in die Wirklichkeit eindringt, tiefer greift als unsere Sinneswahrnehmung und in ihrem Bedeutungsgehalt über das Sichtbare hinausgeht. Es geht um nichts Geringeres als die Energie des Lebens, ihre Kraft, ihre Stärke und ihre Spannung. Der Natur wohnt eine nie versiegende

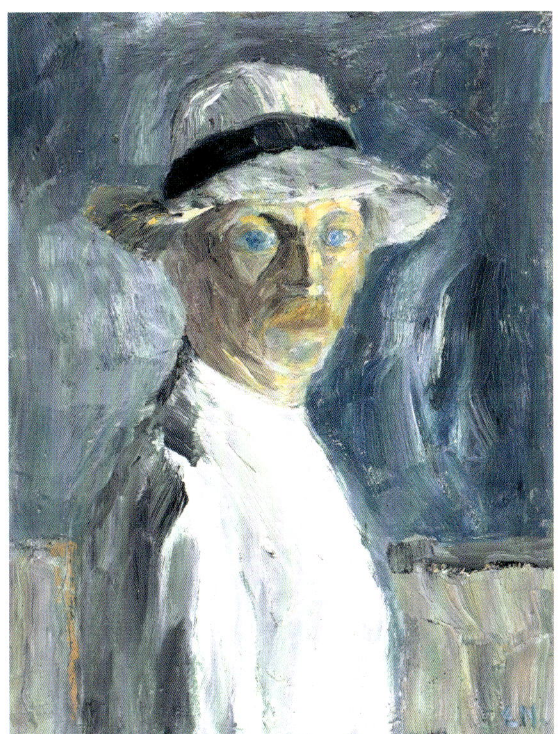

9 Emil Nolde, *Selbstbild* (als Künstler), 1917, Öl auf Sperrholz, 83,5 × 65 cm, Nolde Stiftung Seebüll

Energie inne. Sie mittels ihrer eigenen Form- und Rhythmusprinzipien auszuloten, heißt, ihren elementaren Grundsätzen nahezukommen. Auch in Noldes Werken pulsiert es, wie sein Freund Fehr darstellt: »Was mir am meisten an ihnen gefällt ist: das Leben, das sie in sich tragen. Was Du da gemalt hast, das lebt, das ist frische starke Lebenskraft, das ist Natur u. Bewegung.«[54] Das entscheidendste Gestaltungsmittel des »menschlichen Element[s]« und der vitalen Lebensenergie für beide Künstler entspricht ihren Kunstgattungen. Was für Nolde die Farbe ist, ist für Moore die Form: Das Kolorit mit all seinen »vergeistigten Auswirkungen, die vom Himmel zur Hölle reichen«, ist für den Maler schiere »Kraft«, und »die Gestalt der Dinge«, die »das Aufregendste in [Moores] Leben« ist, drückt seine skulpturalen »Visionen und Reaktionen« aus – »ich denke in Gestalten«.[55] Letztlich sind die grundlegenden Wertmaßstäbe ein komplex ineinander verwobenes Wirkungsgeflecht, das im Miteinander seine durchschlagende Kraft entfaltet.

Gemeinsam ist den Künstlern das Verständnis für die Komplexität des Lebens. Für Moore ist »alles Leben Konflikt« und somit kann eine Kunst, die das Elementare des Lebens thematisiert, nicht belanglos und nicht makellos sein: »Alles, was energiegeladen ist, ist beunruhigend – und nicht vollkommen. Es ist das Leben. Das andere ist das Ideal«.[56] In einer solchen Kunst, in jeder »gute[n] Kunst« vereinen sich diskrepante Kontraste, die zu einem tieferen Verständnis führen: »Ordnung und Überraschung, Intellekt und Phantasie, Bewusstes und Unbewusstes. Beide Seiten der Künstlerpersönlichkeit müssen ihre Rolle spielen.«[57] Für Nolde ist dieser Dualismus fundamentaler Bestandteil des Lebens und daher zentrales Moment seines Werkes, thematisch wie bildnerisch: »Die Zweiheit hatte in meinen Bildern und auch in der Graphik einen weiten Platz erhalten. Mit- oder gegeneinander: Mann und Weib, Lust und Leid, Gottheit und Teufel. Auch die Farben wurden einander entgegengestellt: kalt und warm, hell und dunkel, matt und stark.«[58] Nolde und Moore gelingt es, in ihrer Kunst das Disparate in eine wechselbezügliche Balance zu bringen, die zwar die Elemente eint, aber den Betrachter zugleich bewegt. Während dem Bildhauer Ausgeglichenheit bescheinigt wird,[59] gehört die Polarität zur Persönlichkeit des Malers: Er scheidet selber sein Selbst in Mensch und Künstler.[60] Nachspürbar spiegelt sich diese verinnerlichte Auffassung in zwei zeitgleich entstandenen Porträts: Im *Selbstbildnis* (als Mensch; **Abb. 8**) offenbart sich in den herabfallenden Schultern und im unklaren Kolorit der menschenscheue und im Umgang durchaus unsichere Mensch Emil. Als zur Kunst Berufener präsentiert sich Nolde in *Selbstbild* (als Künstler; **Abb. 9**) selbstgewiss in aufrechter und wacher Haltung. Auch

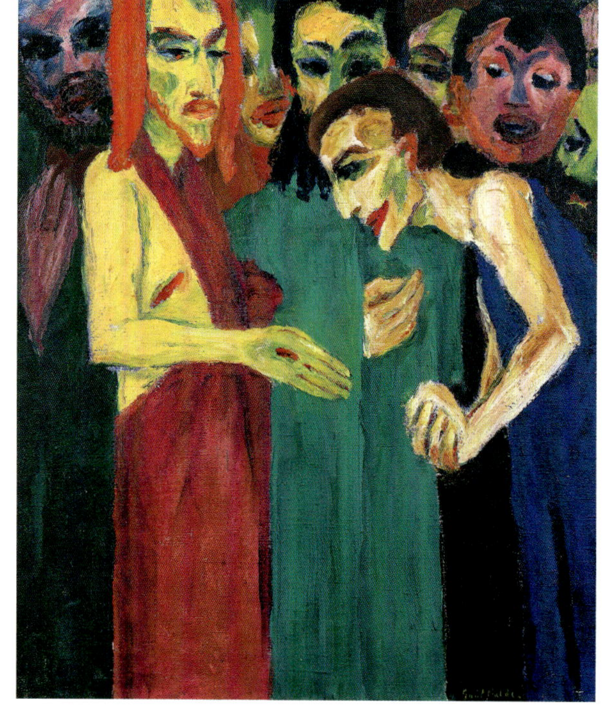

10 Emil Nolde, *Der ungläubige Thomas*, 1912, Öl auf Leinwand, 100 × 86 cm, Nolde Stiftung Seebüll

seine Lebensführung ist geprägt von Gegensätzen. Sie umfasst die intime Stille des sommerlichen Seebülls und das extrovertierte Berliner Gewühl im Winter, das er begierig aufsaugt.[61]

Zwiegespräch der Werke

Ein vertiefender Blick auf die Werke von Emil Nolde und Henry Moore verrät, dass es Überschneidungen in den Themen gibt. Sie interessieren sich für vergleichbare Motive, aber die Schlüsselsujets des einen sind nicht unbedingt die des anderen.

Für beide Künstler ist die menschliche Figur der entscheidende Ausdrucksträger – von Moore vielfach bekräftigt und uneingeschränkt vom Rezipienten akzeptiert, von Nolde zwar mehrfach geäußert, aber von der Öffentlichkeit weniger wahrgenommen und gewürdigt. Dem Maler ist die Darstellung der menschlichen Gestalt und des Seelischen das Höchste in der Kunst, weil »der Mensch […] in seiner Vielfältigkeit von Gottheiten und Genien bis zu Dämonen und Teufeln das Wesentlichste« ist.[62] Vergleichbar gilt für Moore: Der wesentlichste Bezugspunkt des Menschen ist er selbst. Künstler und Betrachter gehen daher am ehesten vom eigenen Körpergefühl, vom eigenen Sein aus: »Die Welt der Formen verstehen wir immer durch unseren eigenen Körper, von der Mutterbrust, von unseren Knochen.«[63] Und so lassen für den Bildhauer insbesondere die für die muskuläre Bewegung entscheidenden Gelenke die vitale Energie des Lebens sichtbar werden.[64] Ein deutlicher Unterschied zwischen Moore und Nolde offenbart sich in der Vorstellung von Körperlichkeit und in der Relation der Figuren zum Raum. Den Bildhauer interessieren Volumina und Formen, die er beispielsweise über Kleidung definiert und betont (**Abb. S. 30 unten**). Der Maler hingegen sucht das Seelische nicht durch das »äusserlich Körperliche«[65] auszudrücken und lässt seine Gestalten hinter den flächigen Bahnen ihrer Gewänder verschwinden (**Abb. 10**). Die Köpfe der Statuen Moores erscheinen im Verhältnis zum mächtigen Leib klein, dagegen drückt Nolde die Empfindungen formal mit Haupt und Händen aus, ohne dass ihm die Proportionen des Körpers entgleiten. Die menschliche Figur wird sowohl bei Moore als auch bei Nolde nicht mimetisch dargestellt. Ihr Bedeutungsgehalt geht weit über das Abbild hinaus.

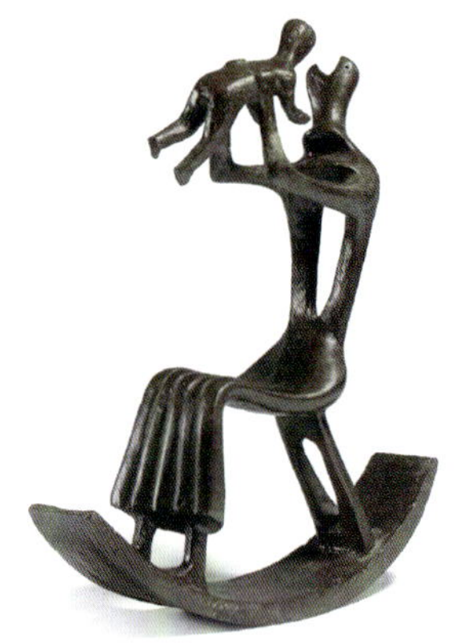

11 Henry Moore, *Rocking Chair No. 3*, 1950, Bronze, 32 cm, LH 276, Privatsammlung

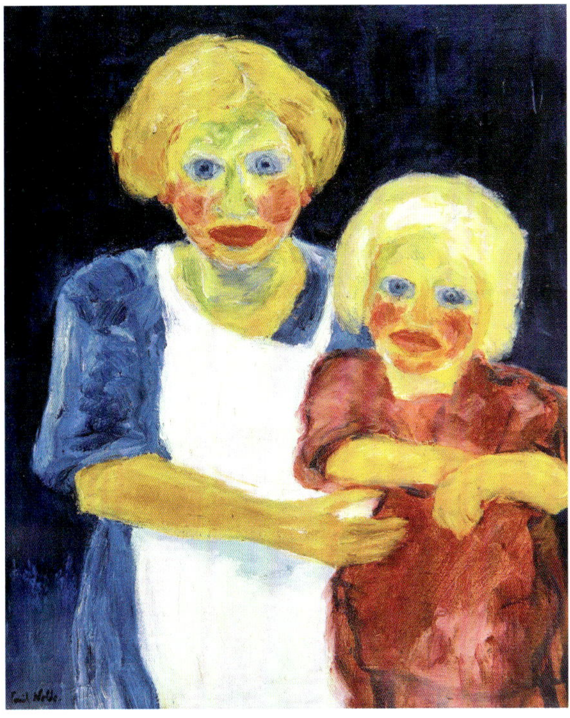

12 Emil Nolde, *Mutter und Tochter (Frau Bonde)*, 1911, Öl auf Leinwand, 88 × 73,5 cm, Nolde Stiftung Seebüll

Während das figürliche Spektrum des Malers inhaltlich wie kompositorisch breit ist, liegt der Fokus des Bildhauers auf der weiblichen Gestalt mit einem konzentrierten Posenkanon. Fast ein Viertel der über 900 im Catalogue raisonné verzeichneten Skulpturen sind Liegende.[66] Diese Position ermöglicht die größtmögliche Unabhängigkeit von den spezifischen Eigenschaften der gewählten Materialien sowie eine enorme Freiheit im spielerischen Experimentieren mit Kompositionen und Volumina. Die auffällige Affinität zur weiblichen Figur und die ruhigen sowie schweren, gesetzten Formen dürften durch die tiefe Beziehung des Bildhauers zu seiner Mutter und seiner Ehefrau beeinflusst worden sein.[67]

Ein gemeinsames Motiv, das insbesondere bei Moore auftritt und fast ein Sechstel seines gesamten Schaffens umfasst, ist Mutter und Kind. Moore bezeichnet es als eine von seinen »zwei oder drei Obsessionen«.[68] In der bildnerischen Umsetzung fällt bei beiden Künstlern die innige Verbindung ins Auge (**Abb. 11, 12**). Und ebenso eint sie, dass diese für den Menschen fundamentalste und ursprünglichste aller Beziehungen zumeist ohne religiöse Überhöhung auskommt und in ihrer Einfachheit besticht. Nolde schreibt über die Begegnung mit einer jungen Frau auf einer Almhütte in der Schweiz 1894: »Es war wunderschön, wie sie dastand mit ihrem Jungen, der lieb auf ihrem Arm ergeben ruhte. – ›Madonnenbilder gibt es wohl feinere, mit bürgerlichen und fürstlichen Frauen, aber keines so einfach schön wie diese hier‹, so dachte ich.«[69] Moore empfindet das vertraute Thema Mutter und Kind auch unmittelbarer als die strenge »hieratische Unzugänglichkeit«[70] des gottesfürchtigen Motivs Madonna mit Kind (**Abb. 13**). Und obwohl Nolde deutlich häufiger den Vater integriert und das Thema auch religiös konnotiert darstellt, überwiegt die Schlichtheit wie beispielsweise in *Familie* (**Abb. 3**), das Moore in Reads Veröffentlichung gesehen haben dürfte. Doch nicht nur das Elementare der menschlichen Beziehung mag sie berühren, auch im Werden und Gedeihen eines neuen Lebens manifestieren sich die unerschöpflichen Energien der Natur – das für Nolde und Moore schlichtweg zentrale Thema.

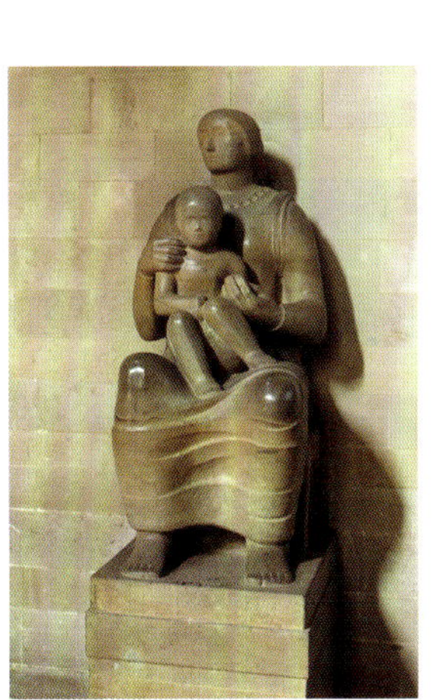

13 Henry Moore, *Madonna and Child*, 1943–44, Hornton-Stein, 150 cm, LH 226, St. Matthew's Church, Northampton

Die Interpretationsschichten vervielfältigen sich, wenn die menschliche Gestalt eine Einbindung in die Natur erfährt. Sowohl bei Nolde als auch bei Moore durchdringt die Figur

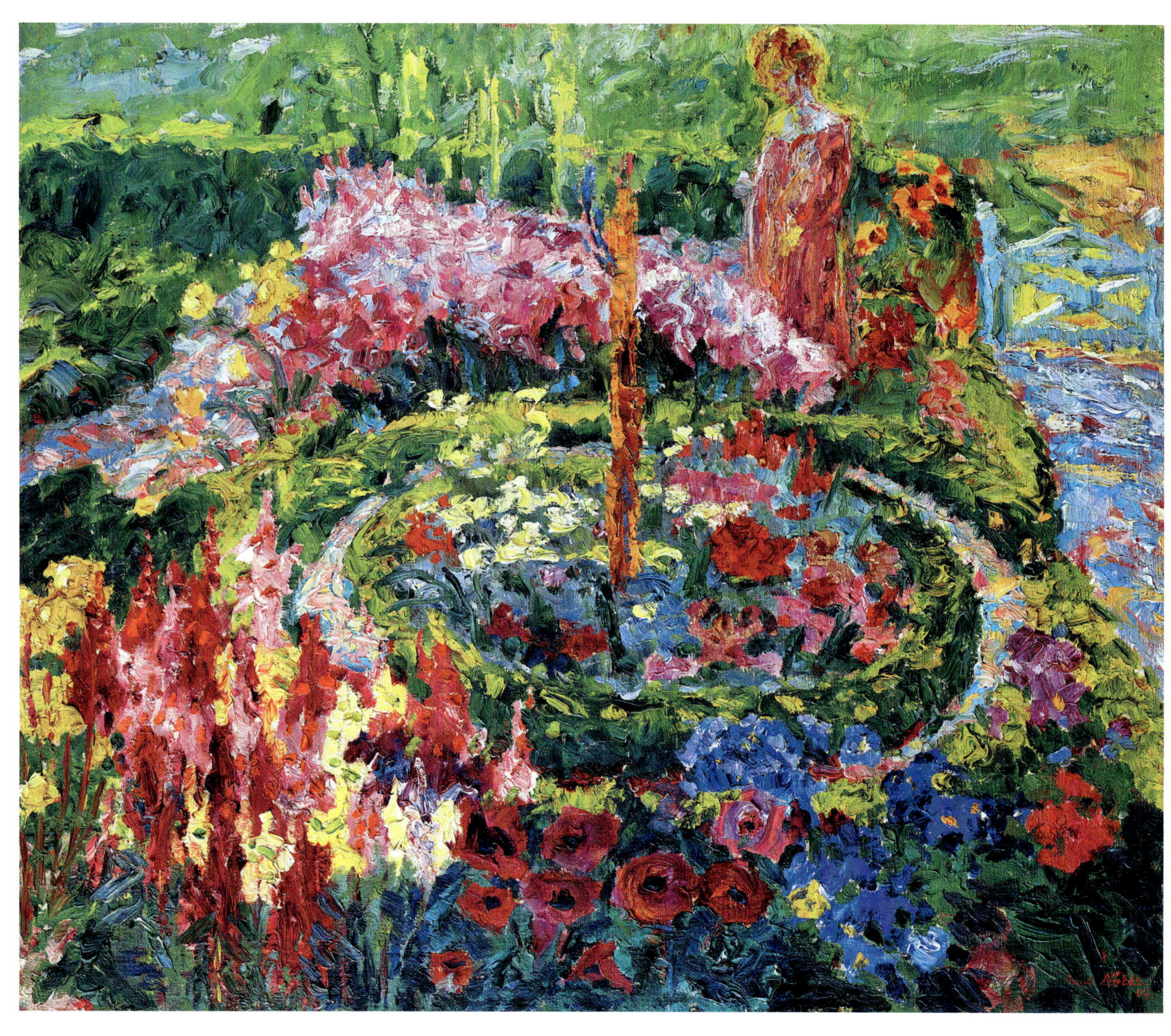

14 Emil Nolde, *Trollhois Garten*, 1907,
Öl auf Sackleinen, 73,5 × 88 cm, Nolde Stiftung Seebüll

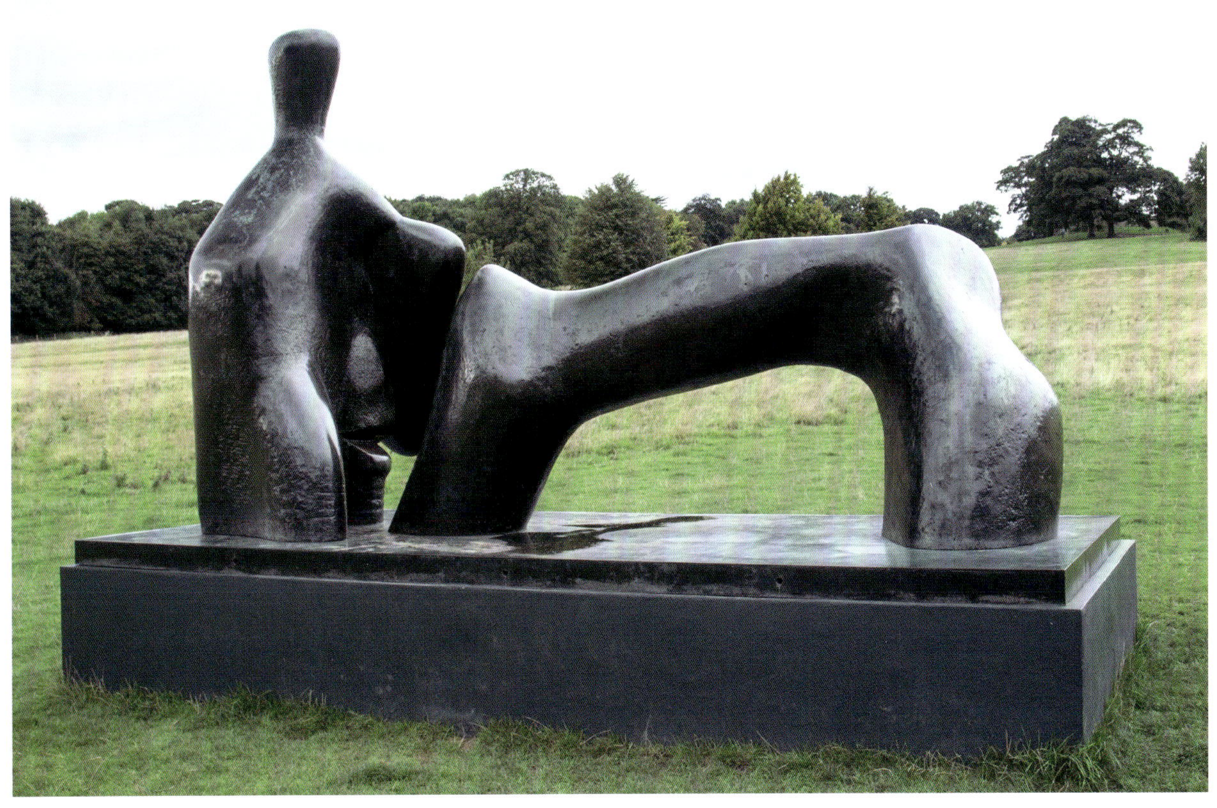

15 Henry Moore, *Reclining Figure: Arch Leg*, 1969–70, Bronze, 260 × 466 cm, LH 610, Guss 0 von 6, The Henry Moore Foundation

die Landschaft. Dabei sind die formalen Analogien metaphorisch konnotiert und suggerieren eine harmonische Einheit von Mensch und Natur, die größtmögliche Nähe zum Ursprünglichen. In seinem malerischen Schaffen bindet Nolde insbesondere die weibliche Gestalt in prachtvolle Blumengärten ein, so dass sie sich oftmals im Meer der Blüten nahezu auflöst (**Abb. 14**). Zwar sind seine Gärten wild im üppigen Bewuchs, aber bezähmt durch Wege und Zäune, nicht unkontrollierbare Ursprünglichkeit beherrscht sie, sondern sie sind von Menschenhand kultiviert. Sie ähneln vielmehr Paradiesgärten mit einer verweilenden Jungfrau Maria, ein Sinnbild der Fruchtbarkeit und der schöpferischen Kraft der Natur. Die Wucht der unverfänglichen Urkraft liegt im monumental inszenierten Ausschnitt seiner Gemälde. Moores Verlandschaftlichung der Figur offenbart sich in den sanften Rundungen seiner Skulpturen, die Naturformationen nachahmen. In den Formen des Körpers werden Berge und Schluchten, Täler und Hügel der leicht gewellten Landschaft Englands nachspürbar (**Abb. 15**). Der Bildhauer strebt nach einem skulpturalen Sinnbild für die »menschliche Beziehung zur Erde, mit Bergen und Landschaft«.[71] Auch wenn die Wahl seiner Formen abstrakter anmutet als die des Malers, so ähneln sie sich

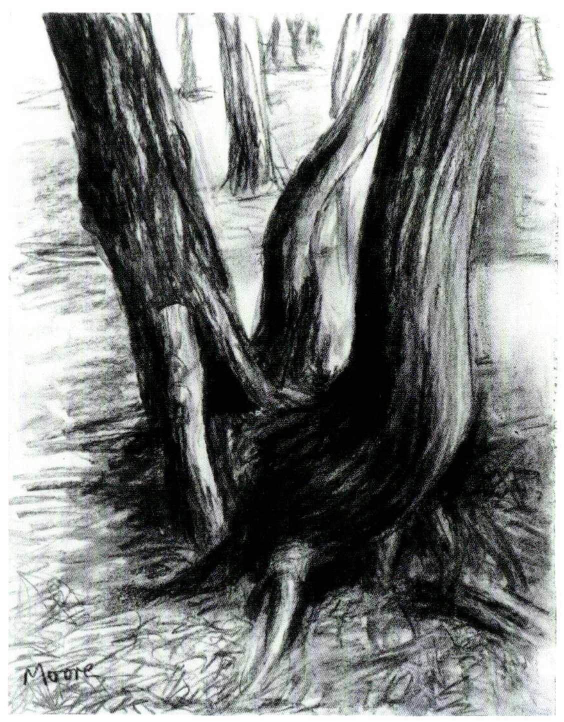

16 Henry Moore, *Tree Trunk II*, 1982,
Kohle und Kreide, 30,8 × 24,9 cm,
The Henry Moore Foundation

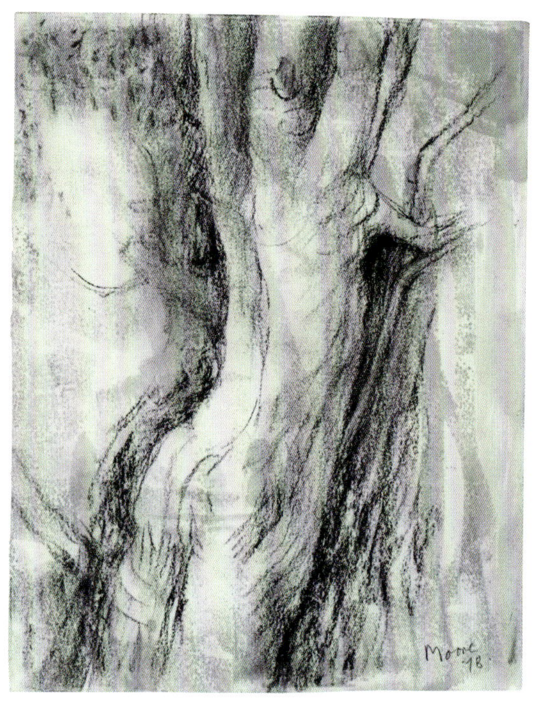

17 Henry Moore, *Transformation Tree*, 1978,
Kohle und Aquarell, 28,2 × 22,2 cm,
The Henry Moore Foundation

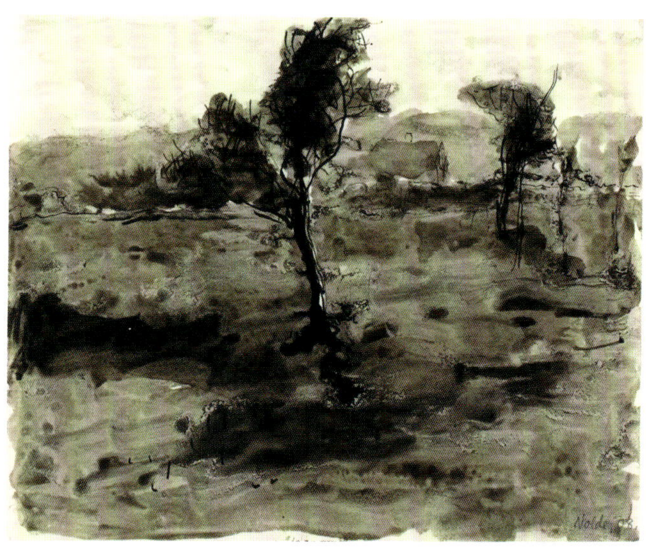

18 Emil Nolde, *Landschaft mit Bäumen*, 1908, Tuschpinsel- und Federzeichnung, 21,2 × 26,7 cm, Nolde Stiftung Seebüll

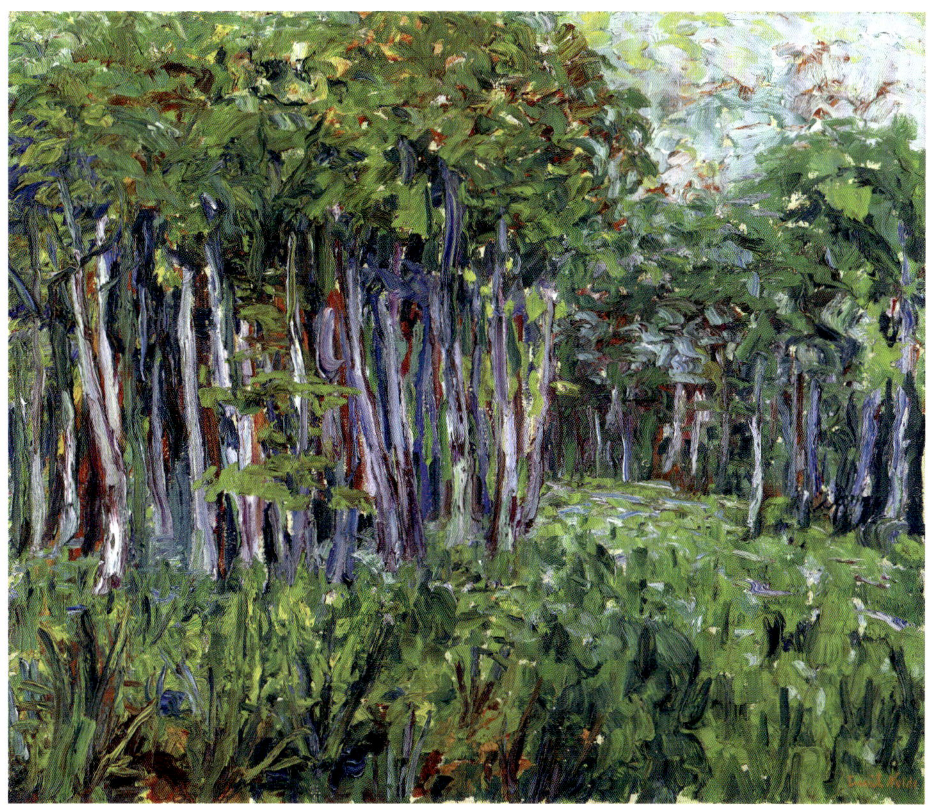

19 Emil Nolde, *Waldlichtung*, 1909, Öl auf Leinwand, 73 × 87 cm, Nolde Stiftung Seebüll

im Bestreben, Mensch und Natur in ihren Bildwerken zu vereinen.

Beide Künstler greifen gerne den Baum als Motiv auf. Zahlreiche Kohlezeichnungen von Moore aus dem Zeitraum von 1975 bis 1981 verraten eine intensive Beschäftigung. Dabei interessiert ihn vorrangig eine Baumgruppe, die Krone oder – sein beliebtestes Sujet der Reihe – der erste Stammabschnitt mit noch sichtbarem Wurzelwerk eines einzelnen Baumes (**Abb. 16**).[72] Für Moore offenbart das Motiv die natürlichen »Wachstumsprinzipien und [ein] starkes Artikulationsvermögen«,[73] in dem sich die unerschöpfliche Kraft der Natur an ihrer Wurzel verdichtet. Zudem assoziiert er mit dem Baumstamm und seinen abzweigenden Ästen und Wurzeln den menschlichen Rumpf und dessen Gliedmaßen (**Abb. 17**). In Noldes Schaffen ist der Baum bis zum Umzug an die waldarme Westküste Schleswig-Holsteins 1916 kontinuierlich vertreten. Im Gegensatz zum Bildhauer verknüpft der Maler das Holzgewächs weniger mit dem Menschen, sondern sieht es insbesondere als mächtiges Symbol einer von Kraft nur so strotzenden Natur: »An einem starken Baum, der hoch hinaufreicht, brechen sich alle Winde und die Stürme rütteln sich matt.«[74] Gleichwohl thematisiert er nur gelegentlich den einzelnen Baum (**Abb. 18**), lenkt vielmehr bevorzugt den Blick des Betrachters in eine Baumgruppe, wobei er sich seltener auf die Gesamtheit (**Abb. 19**) als vielmehr auf Stämme ohne Krone im Vordergrund konzentriert (**Abb. 20**). In seinen radikalsten Varianten fokussiert er sich auf extreme Detailansichten des Stammes (**Abb. 21**), die jedoch ausschließlich im experimentellen Frühwerk vorkommen. Insbesondere in den verdichteten Darstellungen mit ihrer flächigen Formauffassung und der Konzentration auf den Übergang vom Boden zum ersten

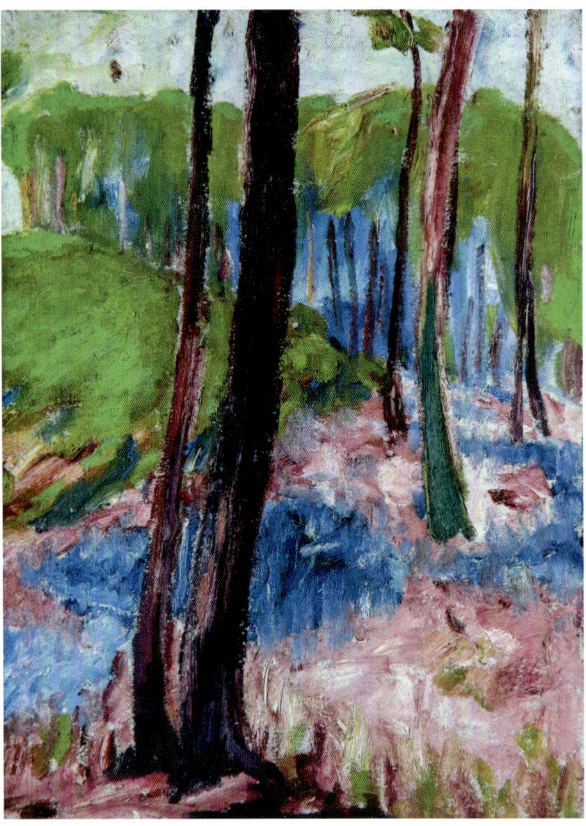

20 Emil Nolde, *Waldrand*, 1909, Öl auf Leinwand, 73 × 65,5 cm, Nolde Stiftung Seebüll

21 Emil Nolde, *Birkenstamm*, 1899, Öl auf Malpappe, 48 × 34,5 cm, Nolde Stiftung Seebüll

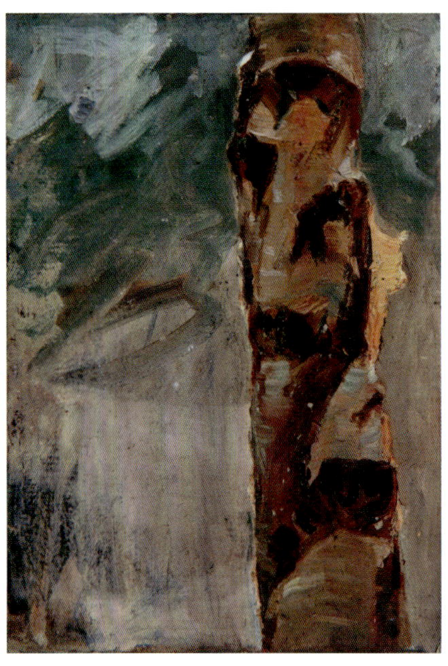

Pflanzenabschnitt bleibt das Ausloten der stabilisierenden Erdverbundenheit unverkennbar und dem Interesse Moores vergleichbar.

Nolde und Moore kommen sich erstaunlicherweise am nächsten in Arbeiten, in denen sie sich jeweils in Randbereichen ihrer herkömmlichen Ausdruckstechniken bewegen. Zwar schnitzt der Maler um 1913–14 eine Reihe von Holzfiguren. Doch mit ihren gelängten Proportionen und geringem Volumen (**Abb. 22**) folgen sie seinem Streben nach Flächigkeit und Wesenhaftem und erscheinen vergeistigter als Analoges von Moore. Nur mit den gedrungenen Rundungen der *Hockenden* um 1920–1925 (**Abb. 23**), die singulär in seinem Œuvre steht, nähert er sich den mächtigen Leibern der Mooreschen Liegenden. Sie ähneln sich in der bedächtigen und gesetzten Pose sowie in der trotz ihrer Blöße nur schwach erotischen Aura. So wie Nolde nur wenige Skulpturen geschaffen hat, ist auch die Zahl der aquarellierten Landschaften von Moore gering. Generell dienen ihm Zeichnungen zur Vorbereitung und als Ausgleich zum eher langwierigen Entstehungsprozess seiner Plastiken.[75] Daher existieren nur wenige farbige Papierarbeiten mit landschaftlichen Motiven. In diesen Blättern (**Abb. 24**) reicht der Bildhauer an den virtuosen Meister des Aquarells (**Abb. 25**) heran. Auch wenn bei Nolde das Kolorit intensiver und die Verläufe gewagter sind, liegt der Fokus auf dem Atmosphärischen. Die weiten Lufträume scheinen aufgeladen von einer magischen Spannung. In der

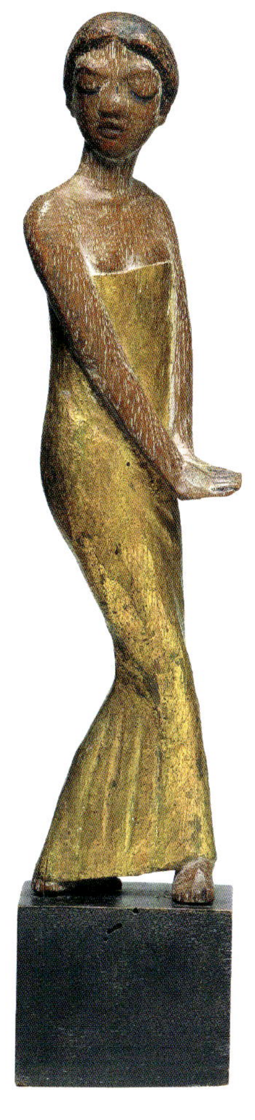

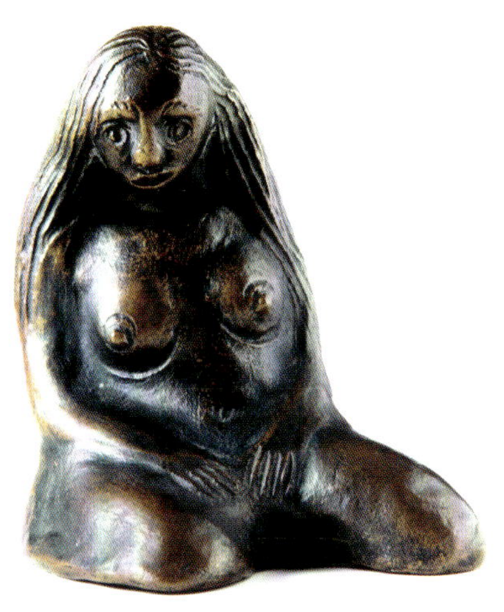

22 Emil Nolde, *Java-Tänzerin*, 1913–14, Holz, farbig gefasst, bronziert, 22,6 cm, Nolde Stiftung Seebüll

23 Emil Nolde, *Hockende*, um 1920–1925, posthumer Bronzeguss nach dem Terracottamodell, 12,1 × 9,6 × 8,5 cm, Nolde Stiftung Seebüll

romantischen Tradition sucht Nolde im Natürlichen das pantheistische Übernatürliche.[76] Moore ist aufgrund seines gesamten Schaffens und seiner Aussagen geerdeter einzuordnen, sein Werk weniger religiös durchdrungen. Gleichwohl offenbart sich in den freien Farbschichten eine – von beiden in nahezu allen Werken nachgespürte – Vitalität ursprünglicher Schöpfungskraft.

Zeitlose Gültigkeit des Wesentlichen

Diese nie versiegende Kraft der Natur gilt Emil Nolde und Henry Moore als die Urquelle alles Schöpferischen. Ihren Ursprüngen, ihrer Energie, ihrer Komplexität nachzuspüren, bestimmt den Kunstwillen beider Künstler. Dabei ist die menschliche Gestalt der essentielle Bezugspunkt und wird zugleich als genuiner Bestandteil der Natur aufgefasst. Nolde und Moore abstrahieren das Gesehene ohne den Bezug zum Gegenstand aufzugeben und erheben so das Wahrgenommene ins Ewiggültige.

Bei allem Trennenden – Kunstgattungen, Stilprinzipien, Lebensphasen – bleibt eine erstaunliche Verbundenheit Noldes und Moores in ihrer Vorstellung von komplexer und vitaler Lebensenergie als zentralem Moment ihrer Kunst und in der wirkungsvollen Reduktion der gestalterischen Mittel. Emil Nolde und Henry Moore – getrennt durch vieles – sind vereint im gedanklich Wesentlichen, das zeitübergreifend Gültigkeit besitzt.

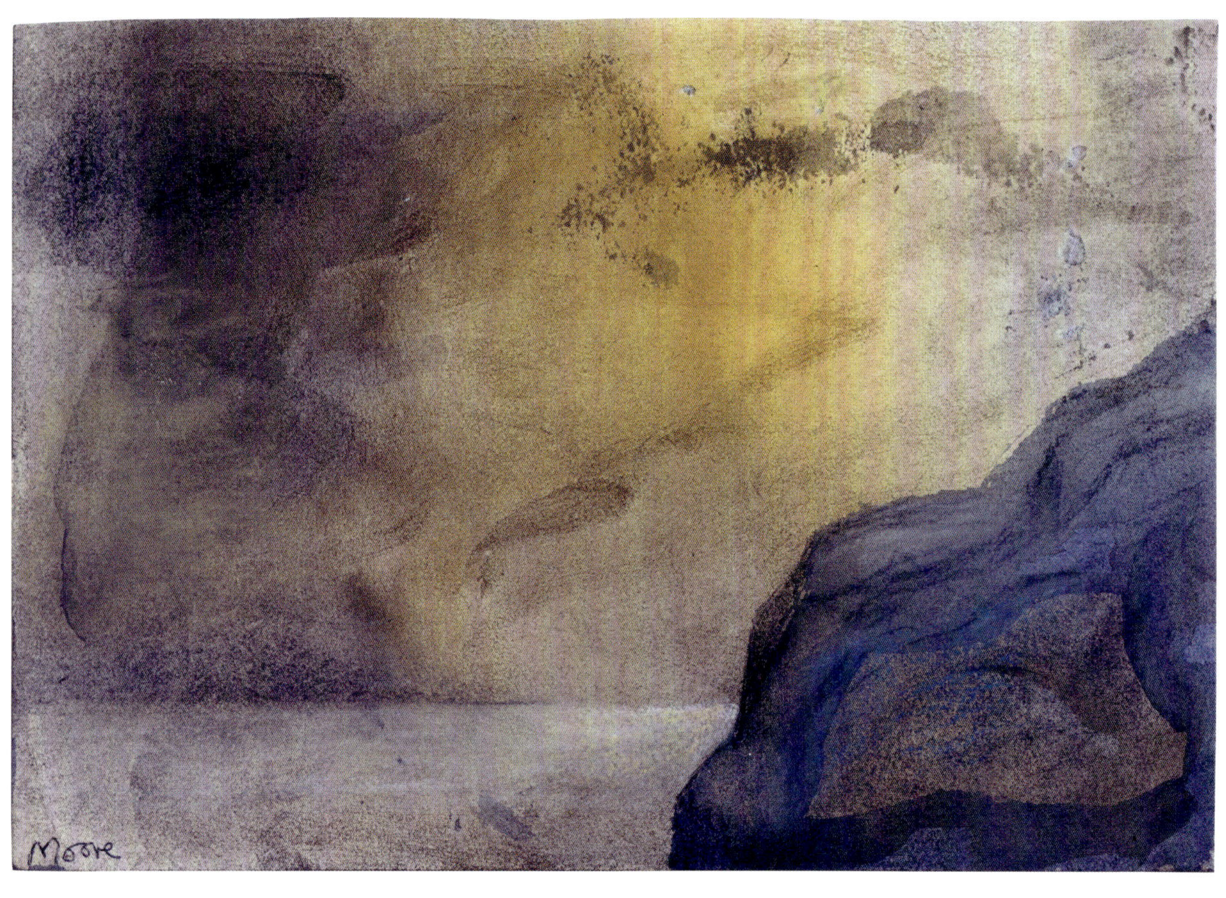

24 Henry Moore, *Rock, Sea and Sky*, 1982, Aquarell, Kohle, Kreide, Kugelschreiber, Pastell, 19,2 × 28,2 cm, The Henry Moore Foundation

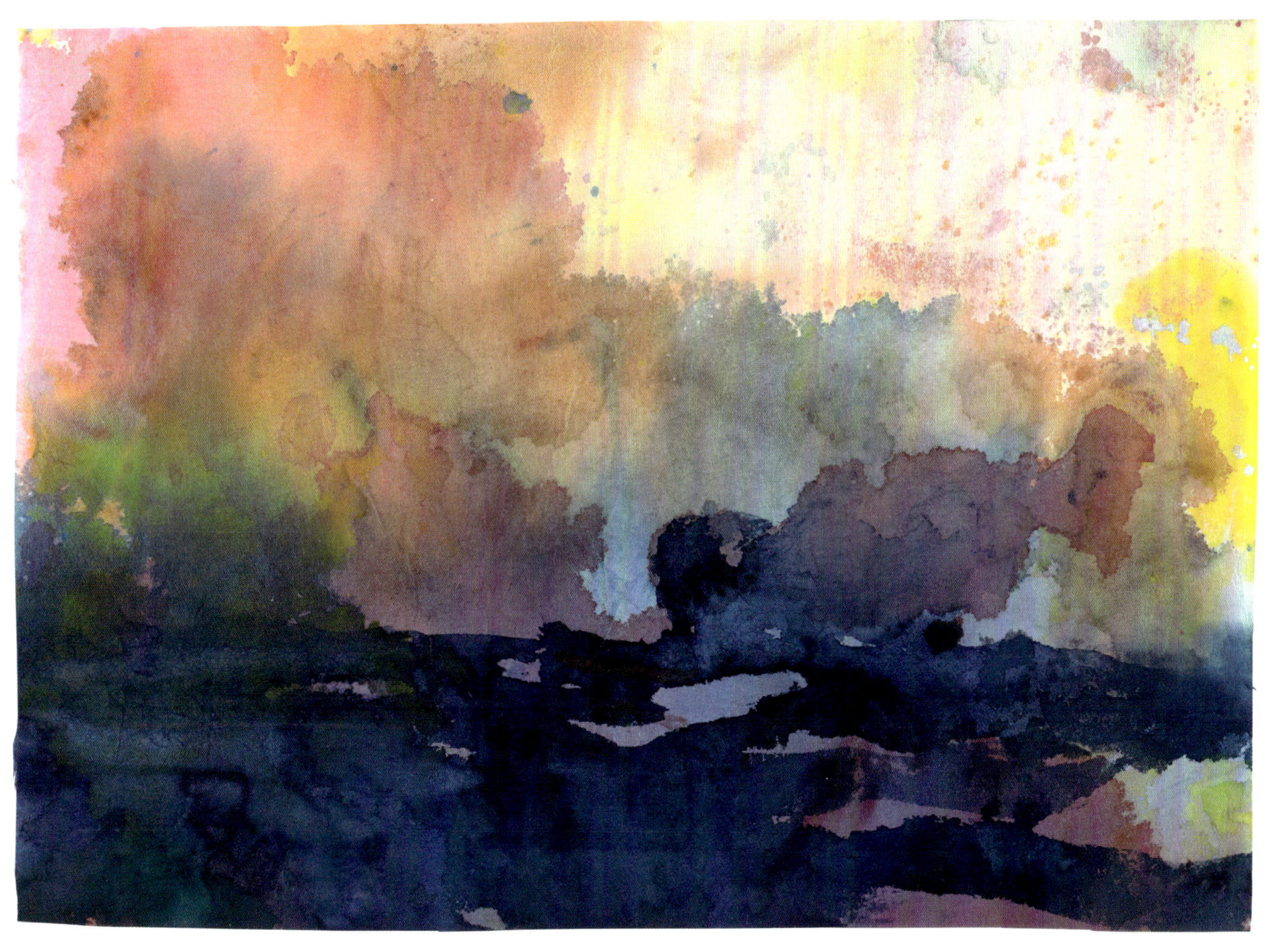

25 Emil Nolde, *Himmel und Meer*, Aquarell, 23,5 × 33 cm, Nolde Stiftung Seebüll

Das im Titel verwendete Zitat stammt von Emil Nolde, Brief an Max Sauerlandt, 2.10.1927, Abschrift, Archiv der Nolde Stiftung Seebüll (ANS).

1 Ernst Schulin, »Die Urkatastrophe des zwanzigsten Jahrhunderts«, in: Wolfgang Michalka (Hrsg.), *Der Erste Weltkrieg. Wirkung, Wahrnehmung, Analyse,* Frankfurt am Main 1994, S. 3–27.

2 Vgl. Henry Moore, Brief an Max Sauerlandt, 21.4.1931, in: Max Sauerlandt, *Ethos des Kunsturteils. Korrespondenz 1908–1933,* hrsg. von Heinz Spielmann, Hamburg 2013, S. 296, und Max Sauerlandt, Brief an Alice Sauerlandt, London, 18.6.1927, in: Max Sauerlandt, *Im Kampf um die moderne Kunst. Briefe 1902–1933,* hrsg. von Kurt Dingelstedt, München 1957, S. 252: »Dann kurz in der National Gallery und der Tate Gallery, dort haben sie jetzt zwei Säle moderner, sogenannter moderner, Franzosen von Gauguin, Degas, Monet bis Utrillo. Das ist natürlich mit eine Folge des Kriegs. Kein deutsches Bild ist da. Das ist schmerzlich, aber eine vielleicht zum guten Teil unsre, das heißt der Verantwortlichen, eigene Schuld. Was würde es aber bedeuten, wenn da ein Saal sein könnte von Leibl bis Nolde.«

3 Vgl. Katja Schneider, »›Das Verlangen nach den Bildern …‹. Max Sauerlandt. Kurator, Sammler, Biograf und Freund von Emil Nolde«, in: *Emil Nolde. Farben heiß und heilig,* hrsg. vom Vorstand der Stiftung Dome und Schlösser in Sachsen-Anhalt im Auftrag der Stiftung Moritzburg – Kunstmuseum des Landes Sachsen-Anhalt, Ausst.-Kat. Stiftung Moritzburg – Kunstmuseum des Landes Sachsen-Anhalt, Halle 2013, S. 78–98.

4 Emil Nolde, Briefe an Max Sauerlandt, 5.4.1929 und 4.7.1929, Abschriften, ANS.

5 Zu Reads Zugang zur deutschen Kultur siehe die bislang eingehendste Untersuchung der Beziehung Sauerlandt/Read in: Andrew Causey, »Herbert Read and the North European Tradition 1921–33«, in: Benedict Read und David Thistlewood, *Herbert Read. A British Vision of World Art,* London 1993, S. 38–51, besonders S. 48–51.

6 Max Sauerlandt, »Reise nach Holland und England. 16.–20.8.30«, Hamburg, 27.8.1930, in: *Ausgewählte Schriften,* Bd. 1: *Reiseberichte 1925–1932,* hrsg. von Heinz Spielmann, Hamburg 1971, S. 164–173, hier S. 170.

7 Gustav Heinrich Wolff, Brief an Max Sauerlandt, London, 23.1.1931, in: Sauerlandt 2013 (wie Anm. 2), S. 283.

8 Vgl. Max Sauerlandt, Brief an Alice Sauerlandt, London, 25.2.1931, in: Sauerlandt 1957 (wie Anm. 2), S. 376: »Hier waren die Tage sehr besetzt. Besonders heute. Ich war nach der Nacht bei Rackham draußen bis eben unterwegs. Im Atelier des Bildhauers Moore […].«

9 Vgl. Henry Moore, Brief an Max Sauerlandt, 21.4.1931, in: Sauerlandt 2013 (wie Anm. 2), S. 296: »Thank you for your letter telling me you had decided to keep all the drawings + the small carving + for the cheque for £ 20,15s which I received yesterday. It makes me feel very proud to know that my work is represented in your museum. […] My wife wishes to be remembered to you […]. The little head bought by your museum is carved in Iron Stone.« Im Museum für Kunst und Gewerbe sind diese acht Werke im Inventarbuch von 1931 unter *Weibliche Büste* (Hämatit, 1931.068), *Studienblatt mit elf Köpfen in Rot und Schwarz* (1931.069), *Studienblatt mit sieben Figuren in Rot* (Aquarell, 1931.070), *Studienblatt mit 13 Entwürfen für zwei Steinbildwerke* (Aquarell, 1931.071), *Sieben Entwürfe für eine in Stein gedachte Gruppe* (Aquarell, 1931.072), *Blatt mit drei Tuschskizzen für eine Steinplastik* (Tusche, 1931.073), *34 Aquarellskizzen für ein Steinbildwerk auf einem beiderseits bemalten Blatt* (Aquarell, 1931.074), *Blatt mit fünf Bleistiftskizzen für eine Steinplastik* (Bleistift, 1931.075) verzeichnet. Die Verfasserin dankt Claudia Banz für ihre kollegiale Unterstützung. Sie wurden 1937 aufgrund der Aktion »Entartete Kunst« beschlagnahmt und gelten mit Ausnahme der *34 Aquarellskizzen für ein Steinbildwerk auf einem beiderseits bemalten Blatt,* das sich heute in der Sammlung von Cornelius Gurlitt befindet, als verschollen. Vgl. Meike Hoffmann und Nicola Kuhn, *Hitlers Kunsthändler. Hildebrand Gurlitt. 1895–1956. Die Biographie,* München 2016, S. 143.

10 Herbert Read, »Moderne Deutsche Kunst«, autorisierte Übersetzung aus dem Englischen von Max Sauerlandt, in: *Kreis von Halle. Monatsschrift für Kultur und den Sinn der Wirtschaft,* Halle, Jg. 1, 1931, H. 9–10, S. 266–277, hier S. 266.

11 Emil Nolde, Brief an Max Sauerlandt, 16.10.1931, Abschrift, ANS.

12 Herbert Read, zit. nach Max Sauerlandt, Brief an Emil Nolde, 6.8.1932, ANS: »Read schreibt: ›[…] How strongly and clearly the personality of the man stands out from the pages, even through the veil of a foreign language! And how true […] the aphorisms on art and genius which he hears out of the heart of his own experience!‹« Übersetzung durch die Verfasserin.

13 Vgl. Herbert Read (wie Anm. 12).

14 Auf diese Publikation reagiert Nolde, wie das Antwortschreiben Reads, 2.2.1934, ANS, überliefert.

15 Vgl. Emil Nolde, Brief an Max Sauerlandt, 14.9.1931, Abschrift, ANS.

16 Max Sauerlandt, Brief an Emil Nolde, 26.6.1932, ANS. Die Verfasserin dankt Hartmut Petzak für die Transkription der Sütterlinschrift. Vgl. auch S. 57.

17 Vgl. Gustav Heinrich Wolff, Postkarte an Emil Nolde, London, 7.4.1929, ANS.

18 Vgl. Max Sauerlandt, Brief an Walter Stengel, 14.11.1927, in: Sauerlandt 1957 (wie Anm. 2), S. 271: »Gestern den ganzen Tag mit Noldes zusammen, im Museum und bei uns.«

19 Hjördis Roubiczek, Brief an Henry Moore, 16.10.1971, The Henry Moore Foundation Archive: »[…] a beautiful Nolde painting (it's sheer poetry) […].« Übersetzung durch die Verfasserin.

20 Vgl. Philipp James (Hrsg.), *Henry Moore über die Plastik. Ein Bildhauer sieht seine Kunst,* München 1972, S. 42.

21 Christa Lichtenstern, *Henry Moore. Werk. Theorie. Wirkung,* München/Berlin 2008, S. 410.

22 Ebd., S. 405.

23 Vgl. Eckhart Marggraf, »Noldes Martyrium. Versuch einer Deutung«, in: *Tà katoptrizómena. Das Magazin für Kunst, Kultur, Theologie, Ästhetik,* Jg. 16, 2014, H. 90.

24 Emil Nolde, *Worte am Rande,* 16.1.1942, unveröffentlichtes Manuskript, ANS.

25 Vgl. Chris Stephens, »Alles andere als sanft. Henry Moore. Ein moderner Bildhauer«, in: *Henry Moore. Impuls für Europa,* hrsg. vom LWL-Museum für Kunst und Kultur Münster und Hermann Arnhold, Ausst.-Kat. LWL-Museum für Kunst und Kultur Münster, München 2016, S. 37–47, hier S. 45.

26 Vgl. Emil Nolde, Briefe an Ada Nolde, 25.1.1907, 26.1.1907 und 30.1.1907, Übersetzungen aus dem Dänischen, ANS: Nolde wählt bei der Wahl zum zwölften Deutschen Reichstag am 25.1.1907 die Sozialdemokraten und bezieht gegenüber seinem Freund während seines Aufenthalts in Jena 1907 dazu häufiger Stellung.

27 Emil Nolde, Brief an Hans Fehr, 22.5.1928, Abschrift, ANS.

28 Emmi Walther, Brief an Emil Nolde, 12.9.1900, ANS.

29 Vgl. Roger Berthoud, *The Life of Henry Moore*, London/Boston 1987, S. 97–98.

30 Mary Moore, Interview von Andrea Rose, *Henry Moore's Daughter Remembers her Father*, 1.5.2012, www.britishcouncil.org/voices-magazine/henry-moores-daughter-remembers-her-father, Zugriff 14.1.2017.

31 Lichtenstern 2008 (wie Anm. 21), S. 25.

32 Emil Nolde, Brief an Hans Fehr, 21.9.1902, ANS.

33 Emil Nolde, Brief an Hans Fehr, 29.3.1901, ANS.

34 Henry Moore, 1964, zit. nach James 1972 (wie Anm. 20), S. 132.

35 Vgl. Henry Moore, »Unit One«, 1934, zit. nach James 1972 (wie Anm. 20), S. 63–66.

36 Ebd., S. 63.

37 Vgl. Henry Moore, 1968, zit. nach James 1972 (wie Anm. 20), S. 114.

38 Wie Anm. 35, S. 64.

39 Emil Nolde, *Jahre der Kämpfe. 1902–1914*, hrsg. von der Stiftung Seebüll Ada und Emil Nolde, Orig.-Ausg. Berlin 1934, 2. überarb. Aufl. Flensburg 1958, 7. Aufl. Köln 2002, S. 73.

40 Henry Moore, »The Sculptor Speaks«, in: *The Listener*, Bd. 18, Nr. 449, 18.8.1937, S. 338–340, zit. nach James 1972 (wie Anm. 20), S. 58.

41 Henry Moore, 1930, zit. nach James 1972 (wie Anm. 20), S. 49–50.

42 Wie Anm. 33.

43 Emil Nolde, Brief an Max Sauerlandt, 1.11.1929, Abschrift, ANS.

44 Emil Nolde, Brief an Ada Nolde, 26.1.1907, Übersetzung aus dem Dänischen, ANS.

45 Emil Nolde, Brief an Max Sauerlandt, 2.10.1927, Abschrift, ANS.

46 Wie Anm. 35, S. 66.

47 Emil Nolde, *Das eigene Leben. Die Zeit der Jugend 1867–1902*, hrsg. von der Stiftung Seebüll Ada und Emil Nolde, Orig.-Ausg. Berlin 1931, 2. überarb. Aufl. Flensburg 1949, 8. Aufl. Köln 2002, S. 181. Vgl. Astrid Becker, »›Das „Wie" ist bedeutender als das „Was"‹. Noldes und Mondriaans erste künstlerische Schritte: Die Landschaften«, in: *Mondriaan und Nolde in der Natur*, hrsg. von Villa Mondriaan Winterswijk, Ausst.-Kat. Villa Mondriaan Winterswijk, Zwolle 2015, S. 8–33, hier S. 20.

48 *Jahre der Kämpfe* 2002 (wie Anm. 39), S. 120.

49 Emil Nolde, *Worte am Rande*, 29.8.1940, unveröffentlichtes Manuskript, ANS.

50 Emil Nolde, »Ich musste malen«, in: *Der Spiegel*, Nr. 52, 23.12.1948, S. 28, Abdruck in: *Emil Nolde. Emil Schumacher. Verwandte Seelen*, hrsg. von Manfred Reuther, Ulrich Schumacher und Alexander Klar, Ausst.-Kat. Emil Schumacher Museum Hagen und Nolde Stiftung Seebüll Dependance Berlin, Köln 2010, S. 14.

51 Vgl. Emil Nolde, *Worte am Rande*, 28.12.1940, unveröffentlichtes Manuskript, ANS.

52 Wie Anm. 35, S. 66.

53 Ebd.

54 Hans Fehr, Brief an Emil Nolde, 30.5.1904, ANS.

55 Emil Nolde, *Worte am Rande*, 14.12.1940 und 30.12.1942, unveröffentlichtes Manuskript, ANS, und Henry Moore, 1968, zit. nach Lichtenstern 2008 (wie Anm. 21), S. 243.

56 Henry Moore, »The Hidden Struggle«, in: *The Observer*, 29.11.1957, zit. nach James 1972 (wie Anm. 20), S. 89.

57 Wie Anm. 40, S. 61.

58 *Jahre der Kämpfe* 2002 (wie Anm. 39), S. 200.

59 Vgl. Lichtenstern 2008 (wie Anm. 21), S. 273.

60 Vgl. Emil Nolde, Brief an Max Sauerlandt, 9.10.1926, Abschrift, ANS: »Du kennst meine Neigung, gern zwischen Künstler u dem Menschen scheiden zu wollen.«

61 Vgl. Emil Nolde, *Welt und Heimat. Die Südseereise 1913–1918*, geschrieben 1936, hrsg. von der Stiftung Seebüll Ada und Emil Nolde, Köln 1965, 4. Aufl. Köln 2002, S. 150, und Emil Nolde, Brief an Hans Fehr, 8.12.1928, Abschrift, ANS.

62 Emil Nolde, *Worte am Rande*, 4.7.1940 und 9.10.1940, unveröffentlichtes Manuskript, ANS.

63 Henry Moore, zit. nach Lichtenstern 2008 (wie Anm. 21), S. 63.

64 Vgl. Lichtenstern 2008 (wie Anm. 21), S. 61.

65 Emil Nolde, *Worte am Rande*, 26.5.1944, unveröffentlichtes Manuskript, ANS.

66 Vielfach findet sich in der Literatur die Angabe, dass das Thema der Liegenden »zwei Drittel« des bildhauerischen Schaffens ausmache. Diese Angabe beruht wohl auf David Sylvester (1968). Vgl. Lichtenstern 2008 (wie Anm. 21), S. 95. Sie kann demzufolge nicht das gesamte Wirken bis 1986 einschließen. Das Werkverzeichnis mit über 900 Positionen verzeichnet etwa 215 Liegende.

67 Vgl. Henry Moore, zit. nach Berthoud 1987 (wie Anm. 29), S. 21: »I suppose I've got a mother complex [...] So it's not surprising that the kind of women I've done in sculpture are mature women rather than young.«

68 Henry Moore, in: *Henry Moore Drawings 1969–79*, New York 1979, S. 29, zit. nach http://catalogue.henry-moore.org/collections/19/mother-and-child, Zugriff 3.2.2017. Übersetzung durch die Verfasserin.

69 *Das eigene Leben* 2002 (wie Anm. 47), S. 135.

70 Henry Moore, 1955, zit. nach James 1972 (wie Anm. 20), S. 244.

71 Henry Moore, 1962, zit. nach James 1972 (wie Anm. 20), S. 306.

72 Vgl. Lichtenstern 2008 (wie Anm. 21), S. 213.

73 Wie Anm. 35, S. 64.

74 Emil Nolde, *Worte am Rande*, ohne Datum, unveröffentlichtes Manuskript, ANS.

75 Vgl. Anm. 40, S. 60.

76 Vgl. Robert Rosenblum, *Die moderne Malerei und die Tradition der Romantik. Von C. D. Friedrich zu Mark Rothko*, München 1981, S. 141.

Hbg. 26. VI. 32.

Liebe Ada und lieber Noldi! Ich kann es immer noch nicht verwinden, daß wir uns auf dieser Durchreise nur so kurz gesprochen haben, wo doch so manches zu sagen gewesen wäre und inzwischen hat uns auch Loki – nach langer Zeit! – geschrieben. Und nun hast du liebe Ada, ihr die Reise nach Dresden geschenkt hast. Habe also schon [illegible] herzlichen Dank dafür. Es ist so schön für uns zu wissen, daß du, ihr sie auch ebenso lieb gewonnen habt und eine große Freude auch, daß jetzt der [illegible] der [illegible] immer mehr [illegible] wie aber [illegible] dieser Reise geschehen wird.

Max Sauerlandt an Emil Nolde

Brief vom 26. Juni 1932

[Seite 1]

Hh. 26.VI.32

Liebe Ada und lieber Nolde! Ich kann es immer noch nicht g[an]z verwinden, d[a]ss wir uns auf Eurer Durchreise nur so kurz gesprochen haben, wo doch so mancherlei zu sagen gewesen wäre. Und inzwischen hat nun auch Lotti – nach so langer Zeit! – geschrieben. Und zwar, d[a]ss du, liebe Ada, ihr d[ie]. Reise nach Dresden geschenkt hast. Habe auch von mir herzlichen Dank dafür. Es ist so schön für uns zu wissen, daß du, Ihr sie auch etwas lieb gewonnen habt und eine große Freude auch, daß sich so der Gesichtskreis und der Erlebnisraum der Kinder immer mehr erweitert, wie das sicher durch diese Reise geschehen wird.

[Seite 2]

Übrigens will sie erst nach den Ferien reisen. Das ist g[an]z gut, da kann ich ihr auch noch allerlei sagen.

Heute ist nun die englische Ausstell[un]g eröffnet. Es war natürlich ein großes Gedränge, mehr Menschen als Gemälde und Skulpturen. Aber ich habe doch schon einen ersten Eindruck, bes[onders]. weil ich schon gestern beim Hängen da war. Der Eindruck ist der, daß der franz[ösische]. Einfluß doch sehr stark ist, auch jetzt noch, trotzdem sich eigene Kräfte rühren. Es ist auch kein bestimmt zu formulierender Formeinfluss etwa von einem bestimmten französischen auf einen bestimmten englischen Maler. Es ist auch eigentlich

[Seite 3]

nicht richtig von französischen Einfluß zu reden – denn welche Namen könnte man da noch viel nennen – es ist vielmehr die Stimmung dieser Haut Gout [sic] der »Ecole de Paris«, dieses Essenzengemische der artistischen Begabungen von Halb-Europa, die da jetzt in Paris zusammenfließen.

Auch das avancierteste, wenn man will gewagteste hat noch diesen fatalen Zug zum Eleganten, Mondänen, »Kultivierten« nur »Geschmackvollen«, der uns so instinktfremd ist. Unter den Gemälden ist dazu auch viel älteres, halb impressionistisches, was das reiche »Gegenwartsœuvre« der Ausstellung

[Seite 4]

schädigt oder vielmehr verdirbt (wieder eine Warnung für das Program[m] der deutschen Ausstellung für London!). Die Plastik ist im Ganzen weiter und stärker als die Malerei, aber grad sie ist sehr einseitig, sehr unter dem bestimmenden Formeinfluss des einen Henry Moore, von dem ich schon im vorigen Jahr eine kl. [*Arbeit*] und einige Zeichn[un]g[en] für d[as]. M[u]s[eum]. kaufte.

Nicht nur mein, sondern allgemeiner Eindruck: unsere K[un]st ist freier, stärker, entschiedener, reicher an bestimmten und starken Persönlichkeiten. Es ist schön, d[a]ss es so ist. Und es wird in Zukunft gewiss auch noch so bleiben.

Mit herzlichen Grüßen
Euer M. S.

Text in [eckigen Klammern] ist eine Textergänzung des Editors.
Die *kursive Schreibweise* zeigt eine unsichere Textergänzung an.
Transkription: Hartmut Petzak

Working Model for Oval with Points, 1968–69

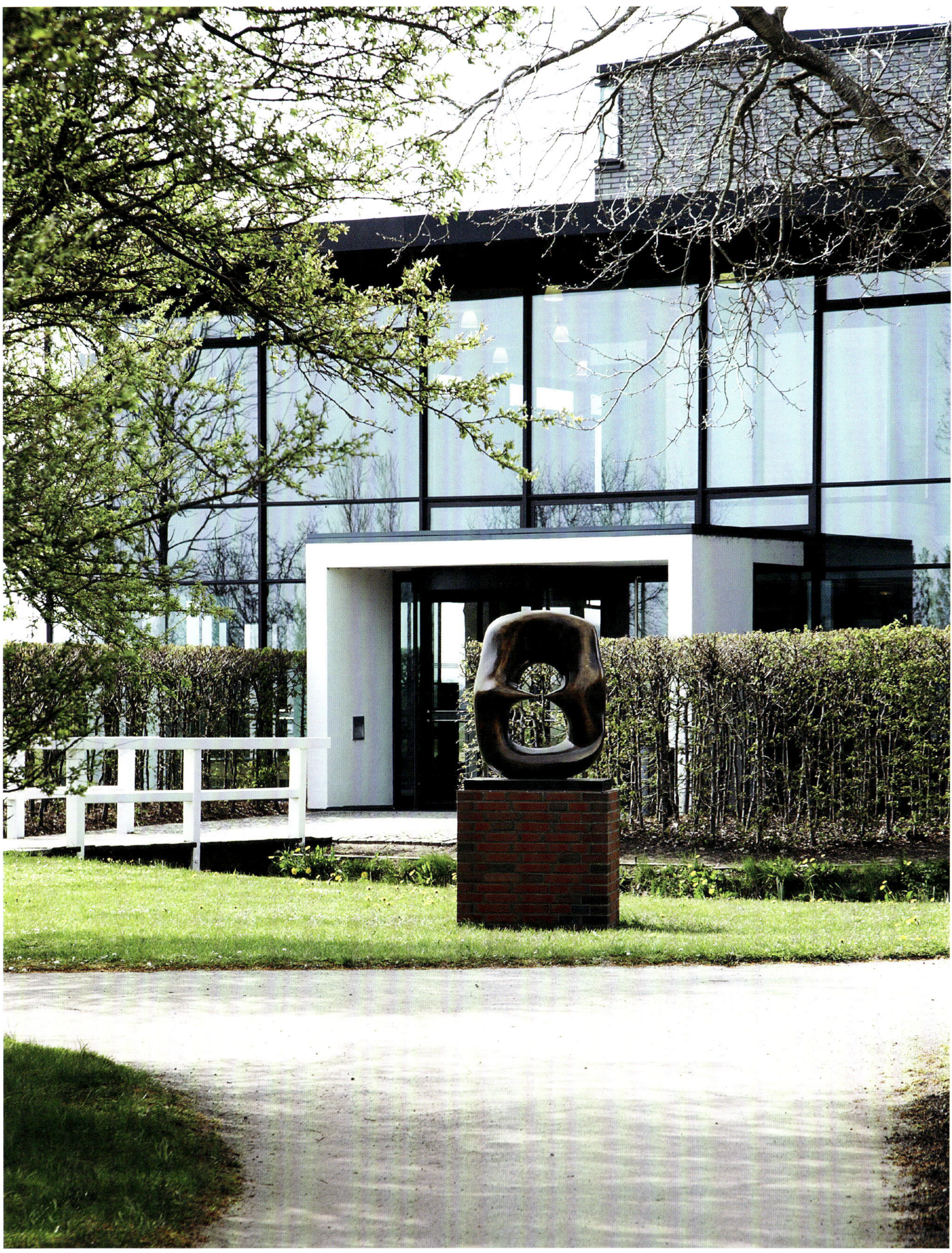

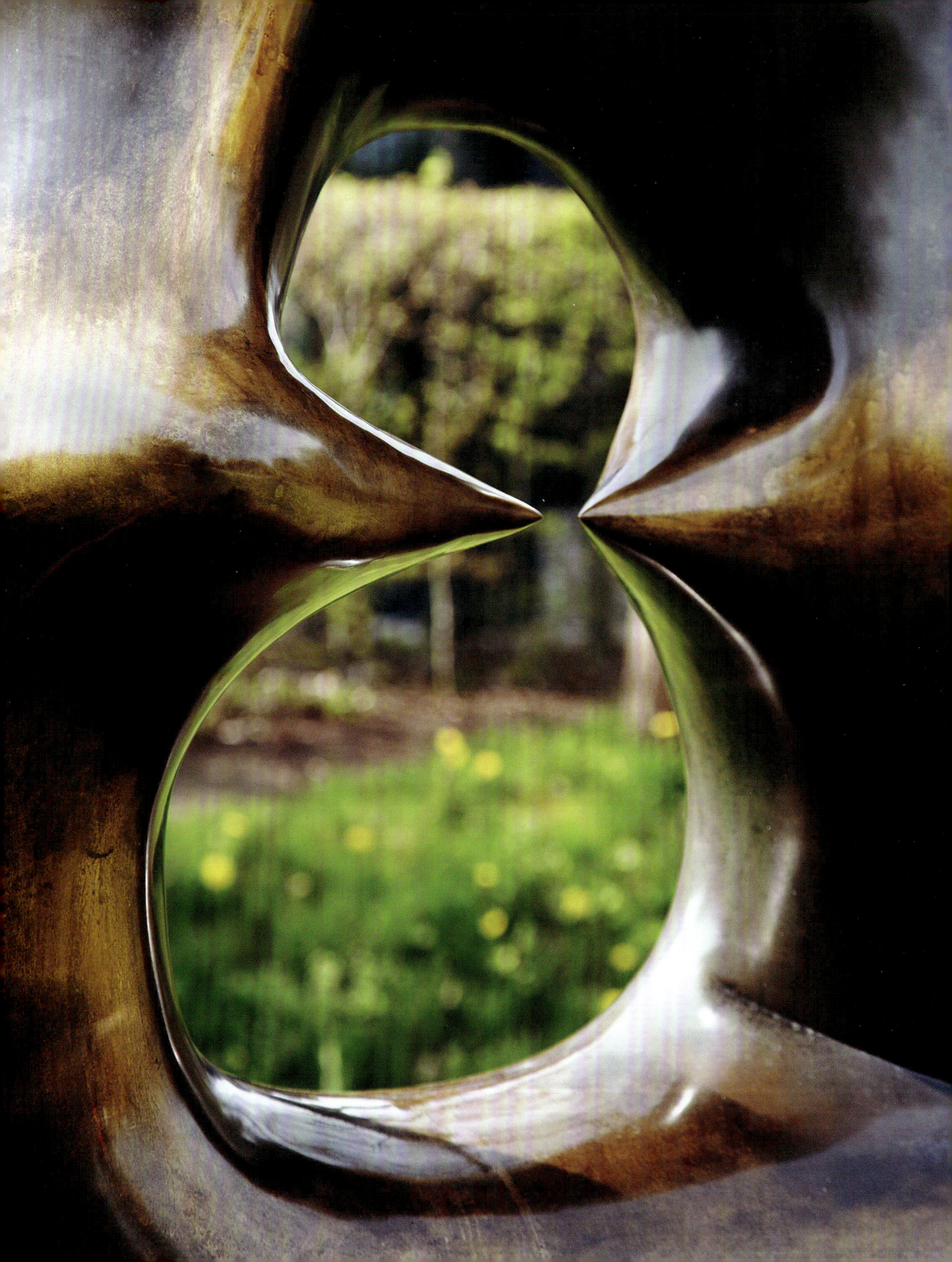

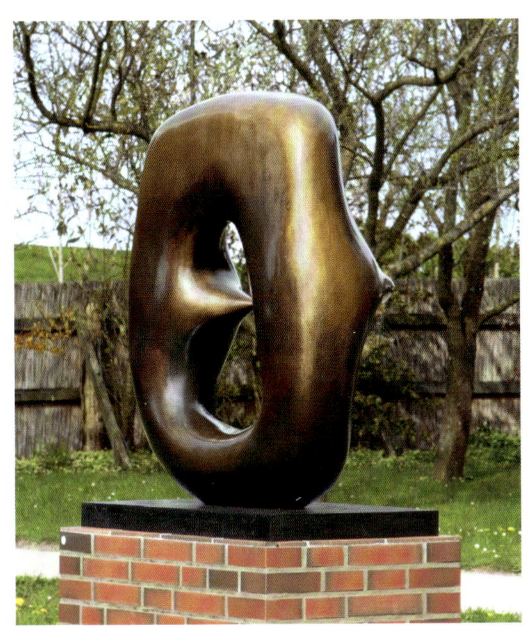

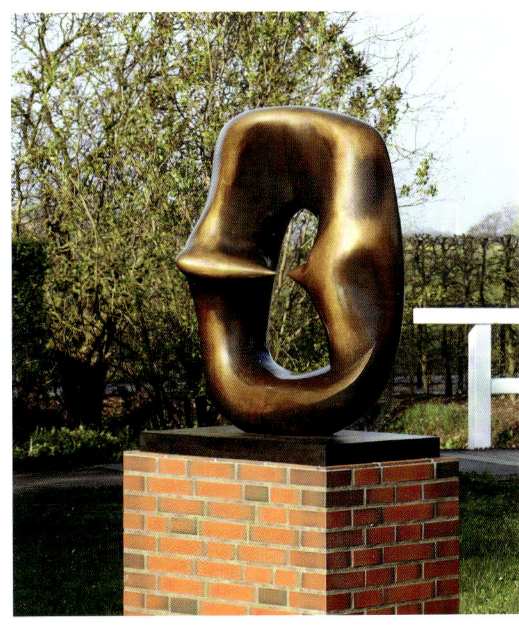

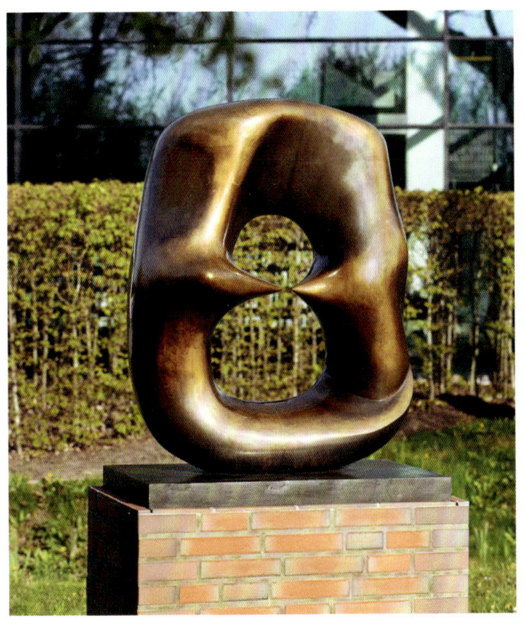

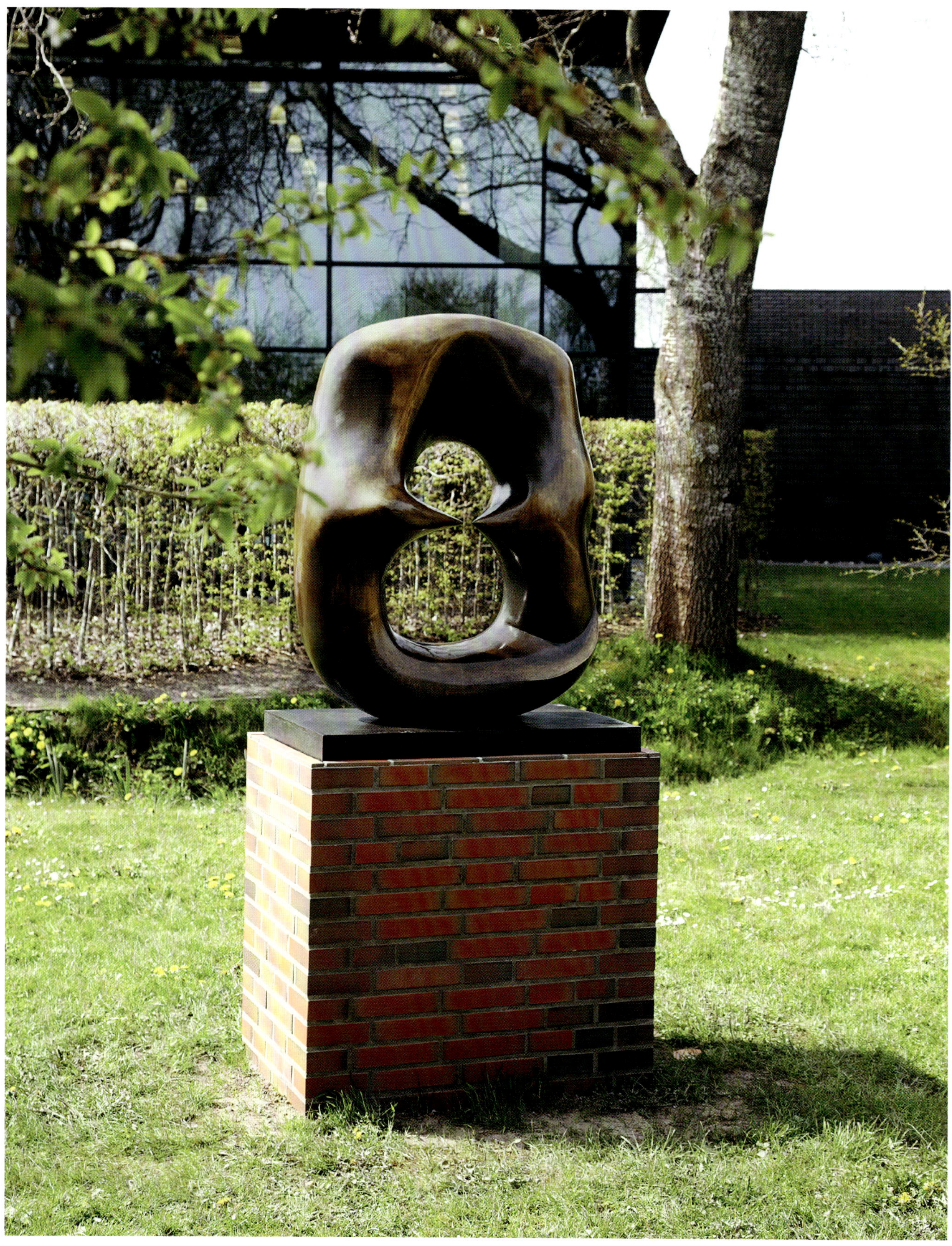

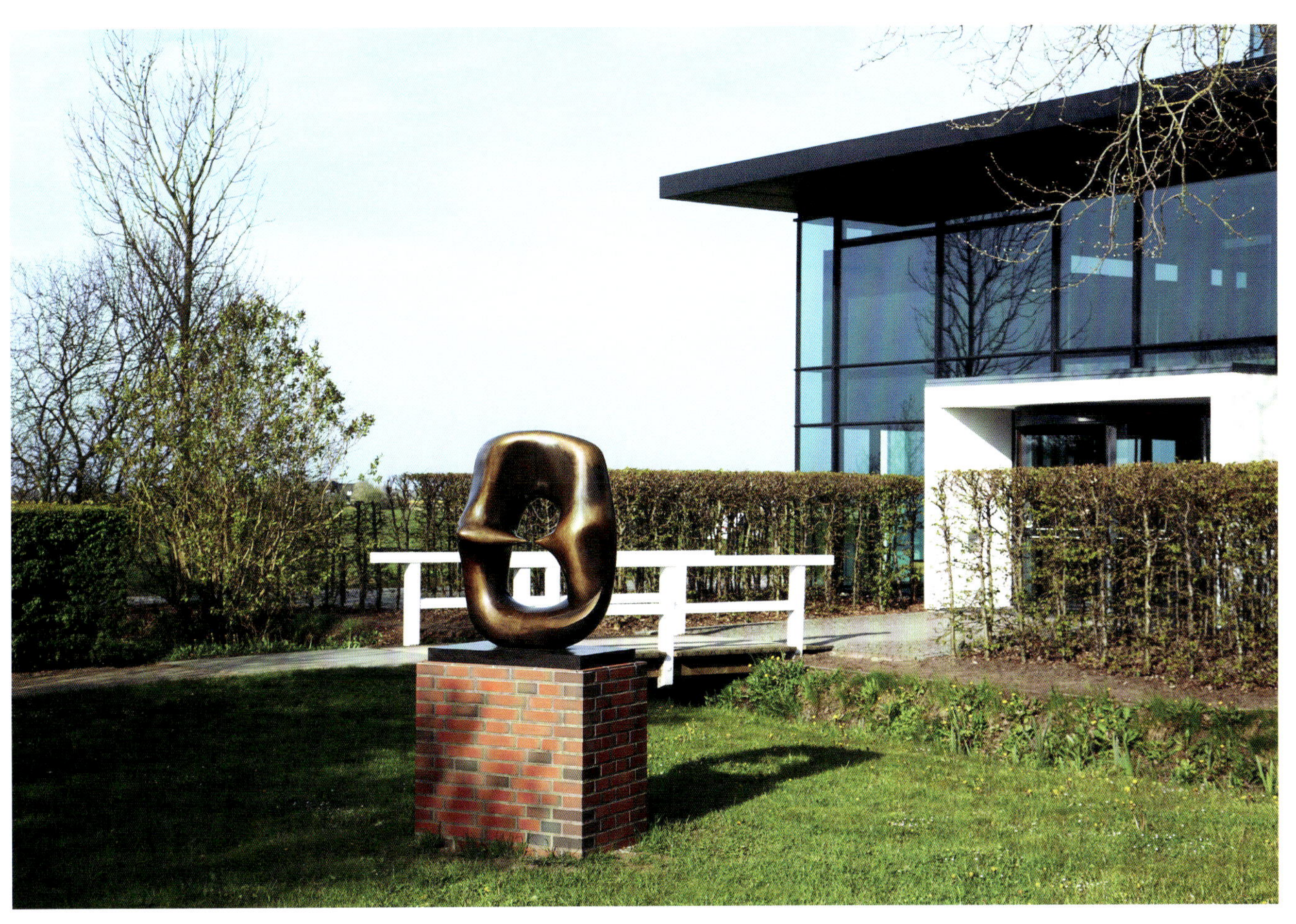

Working Model for Three Piece Reclining Figure: Draped, 1975

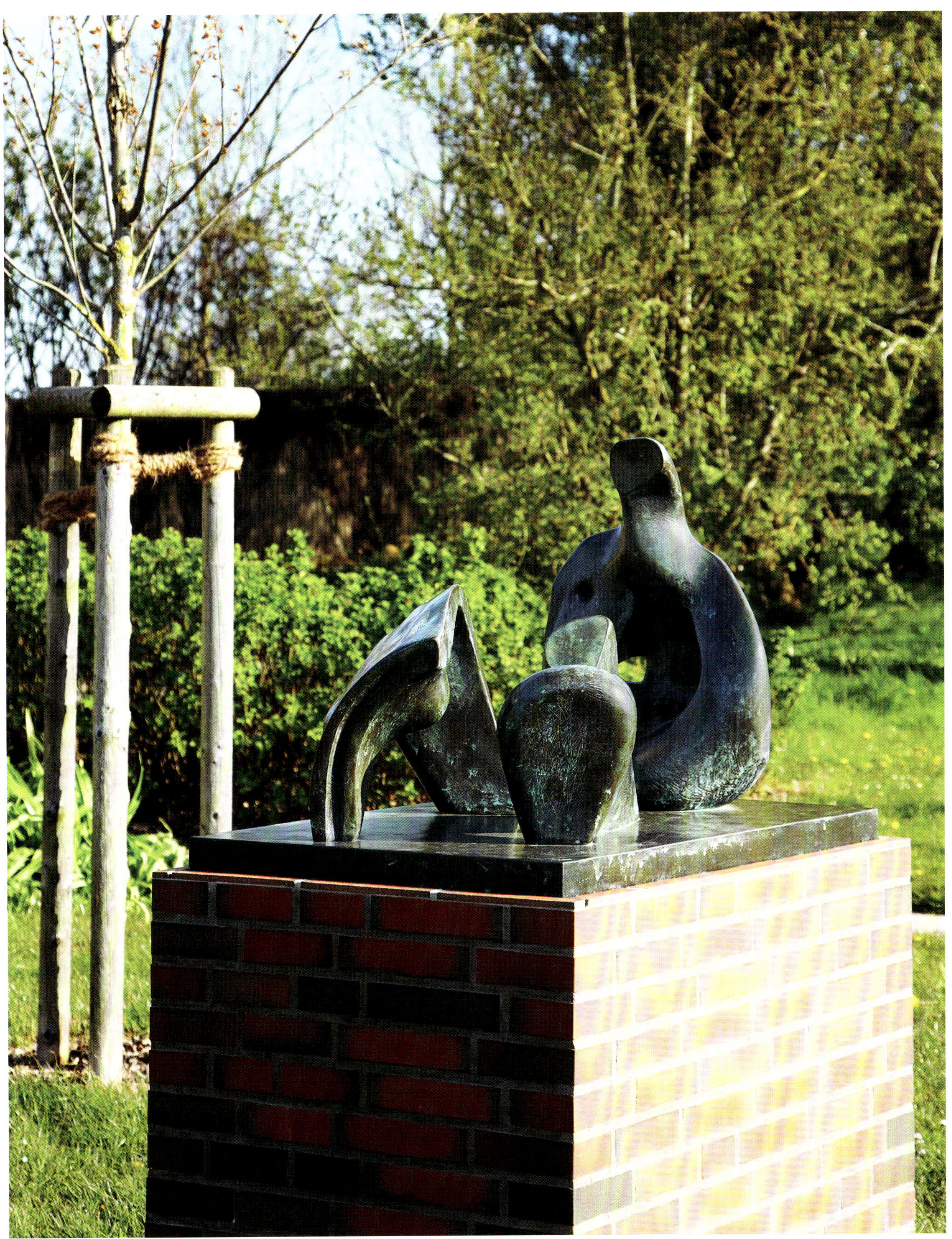

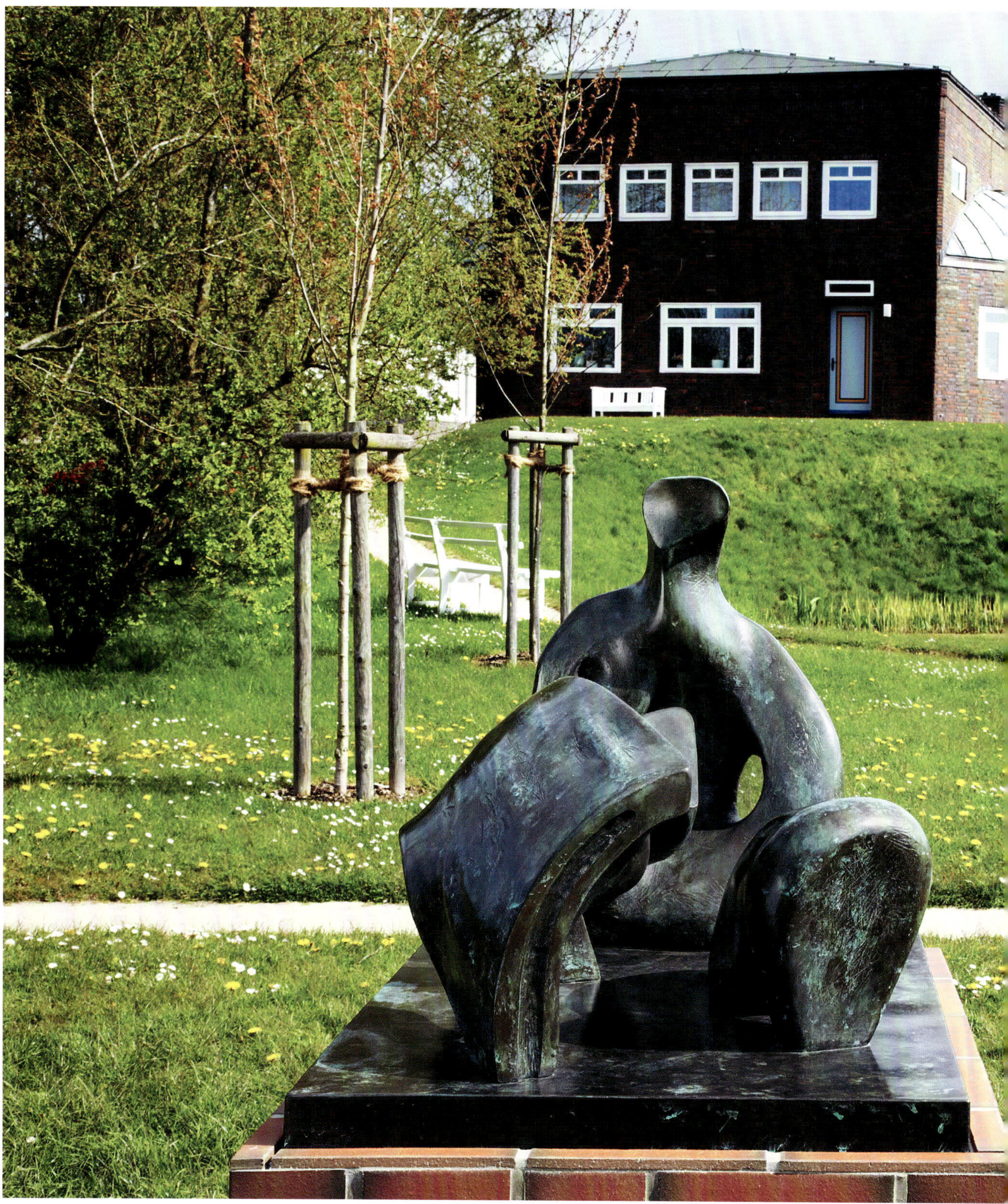

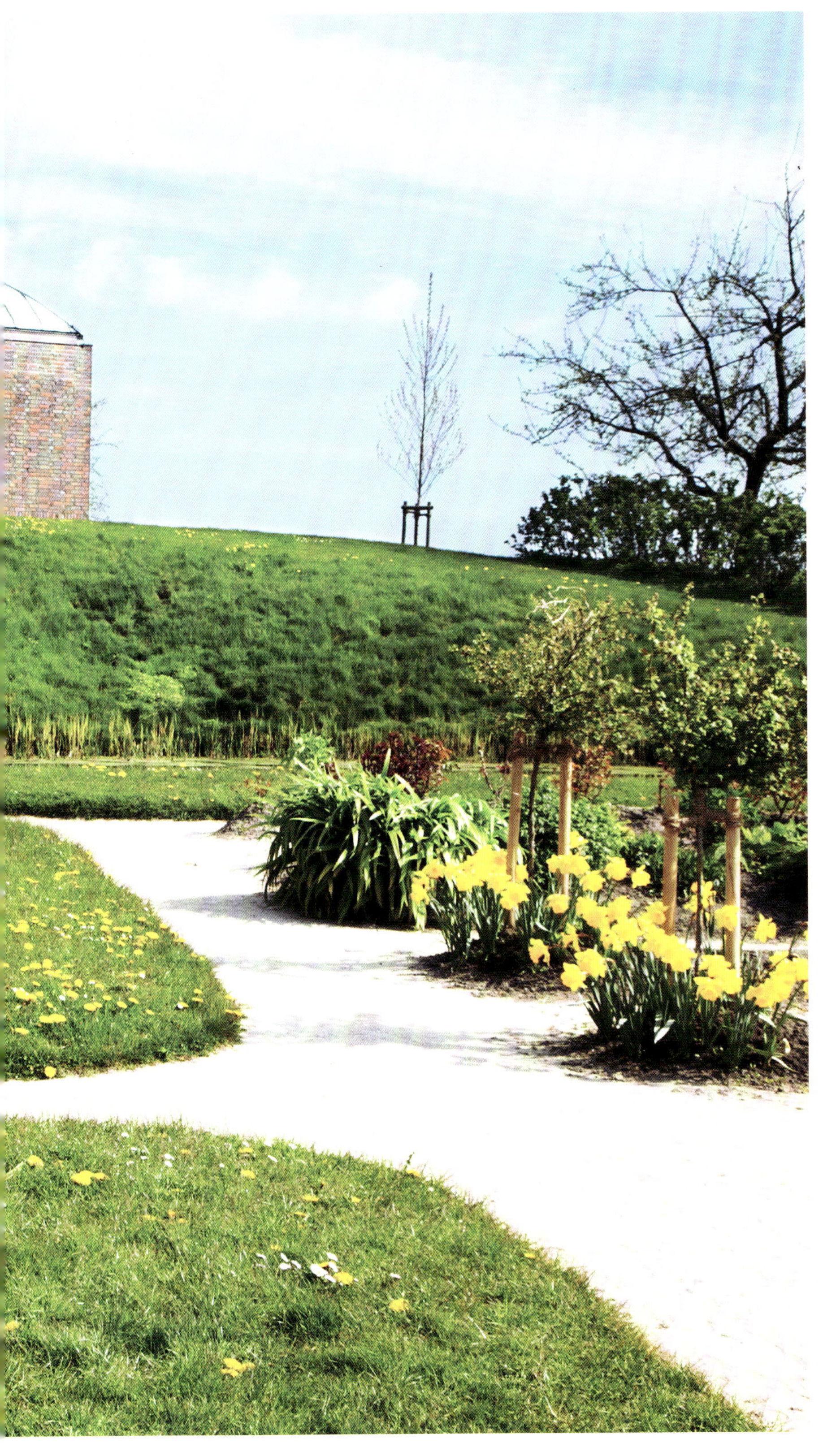

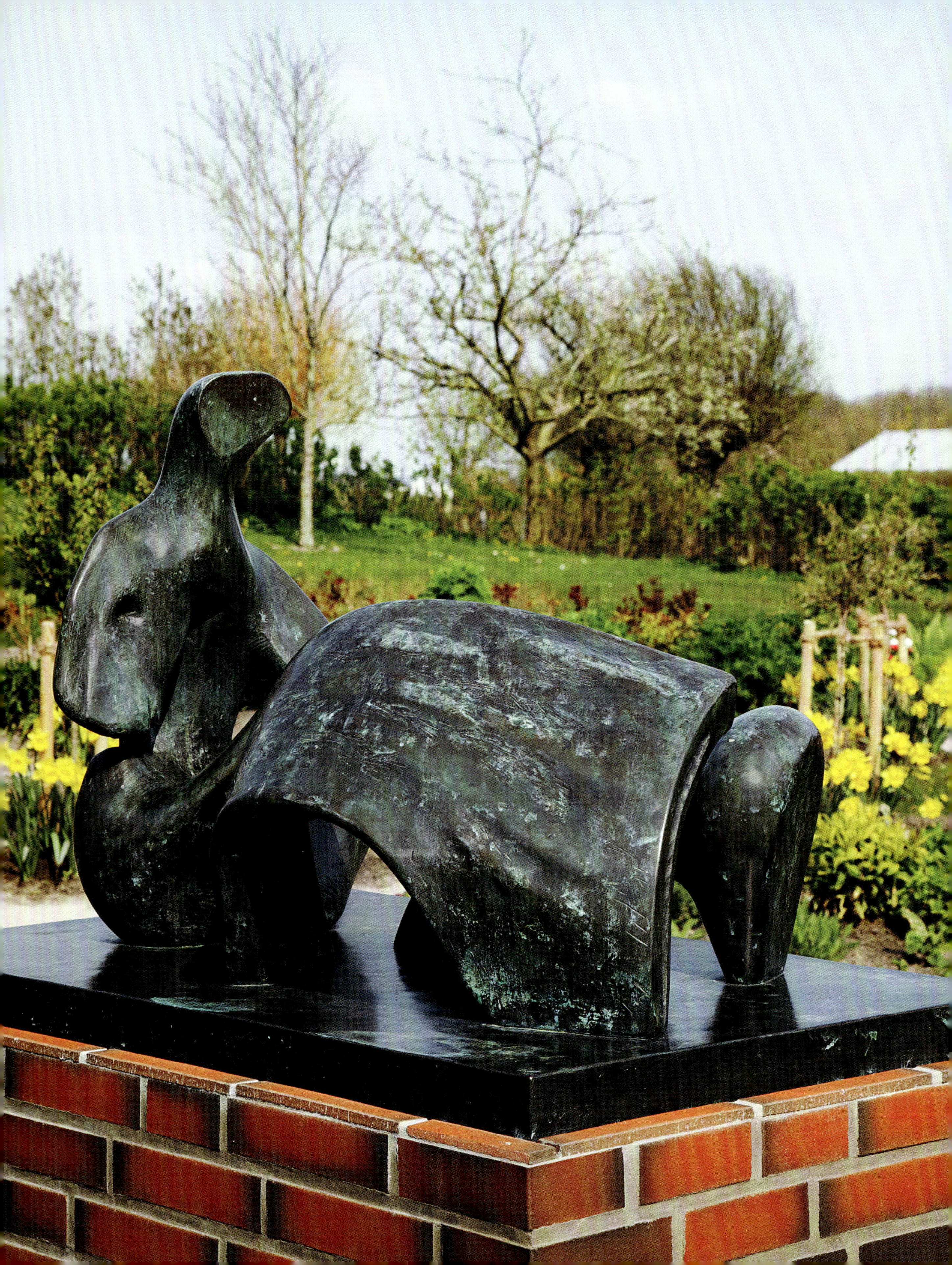

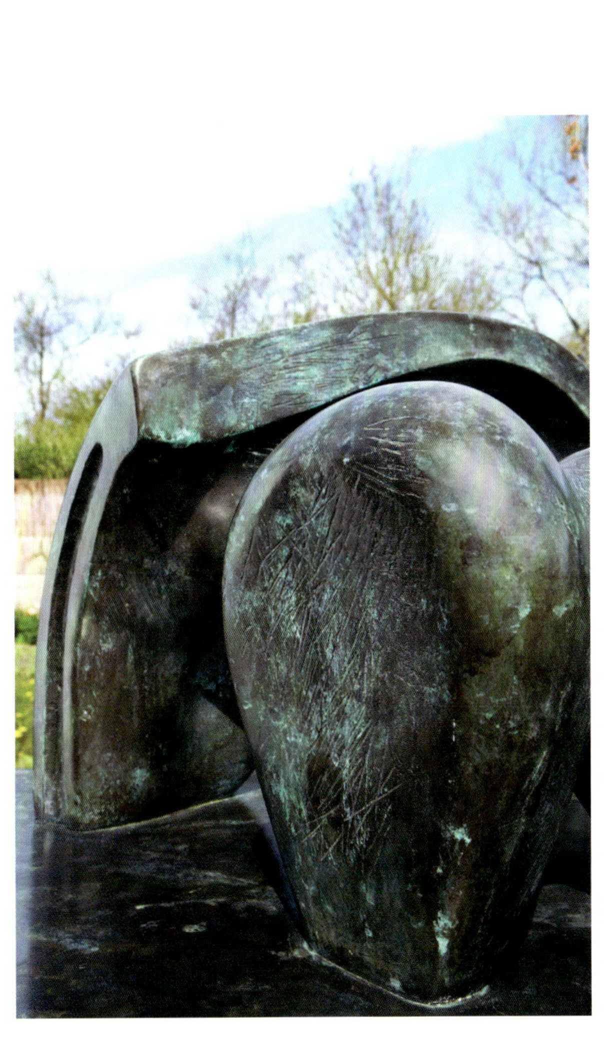

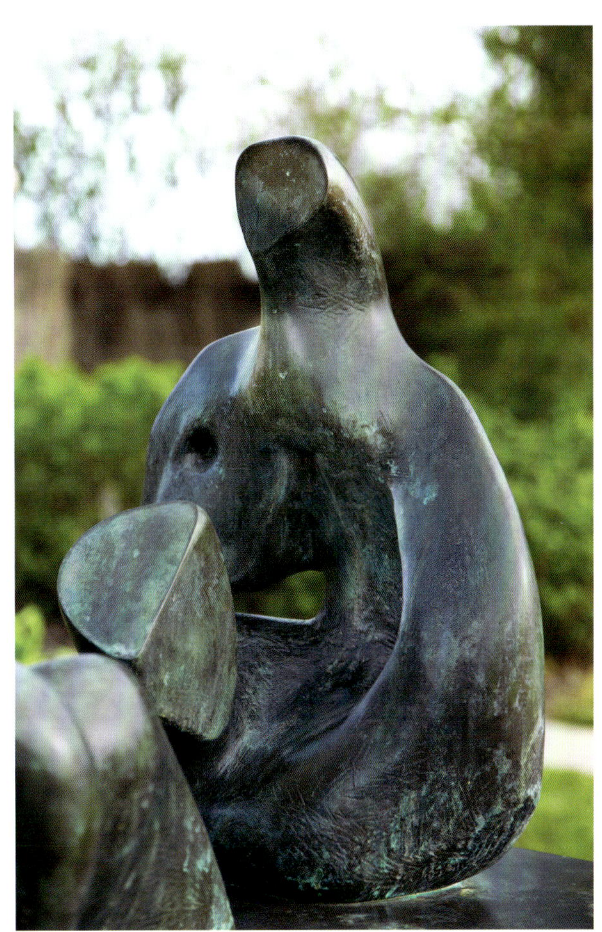

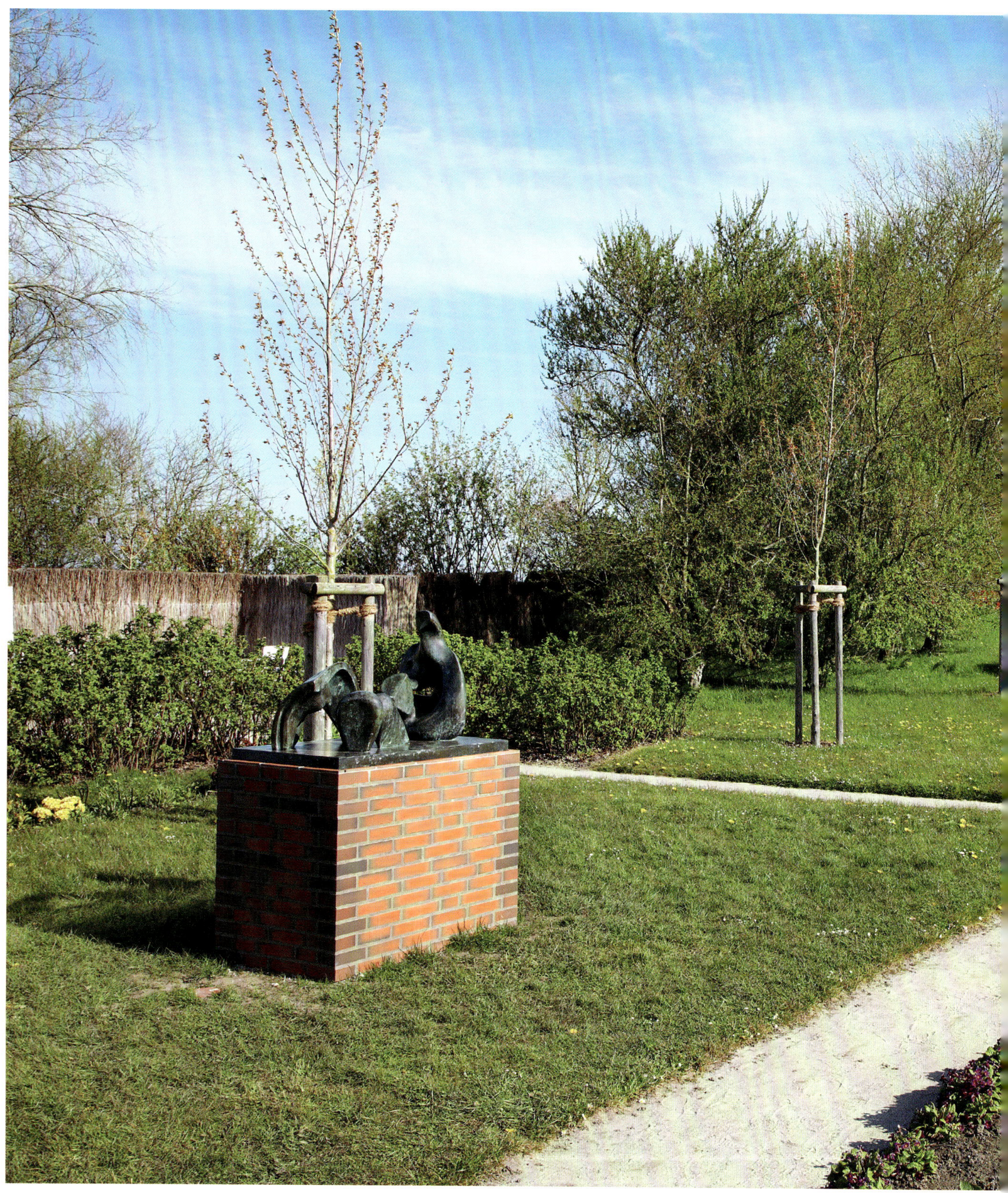

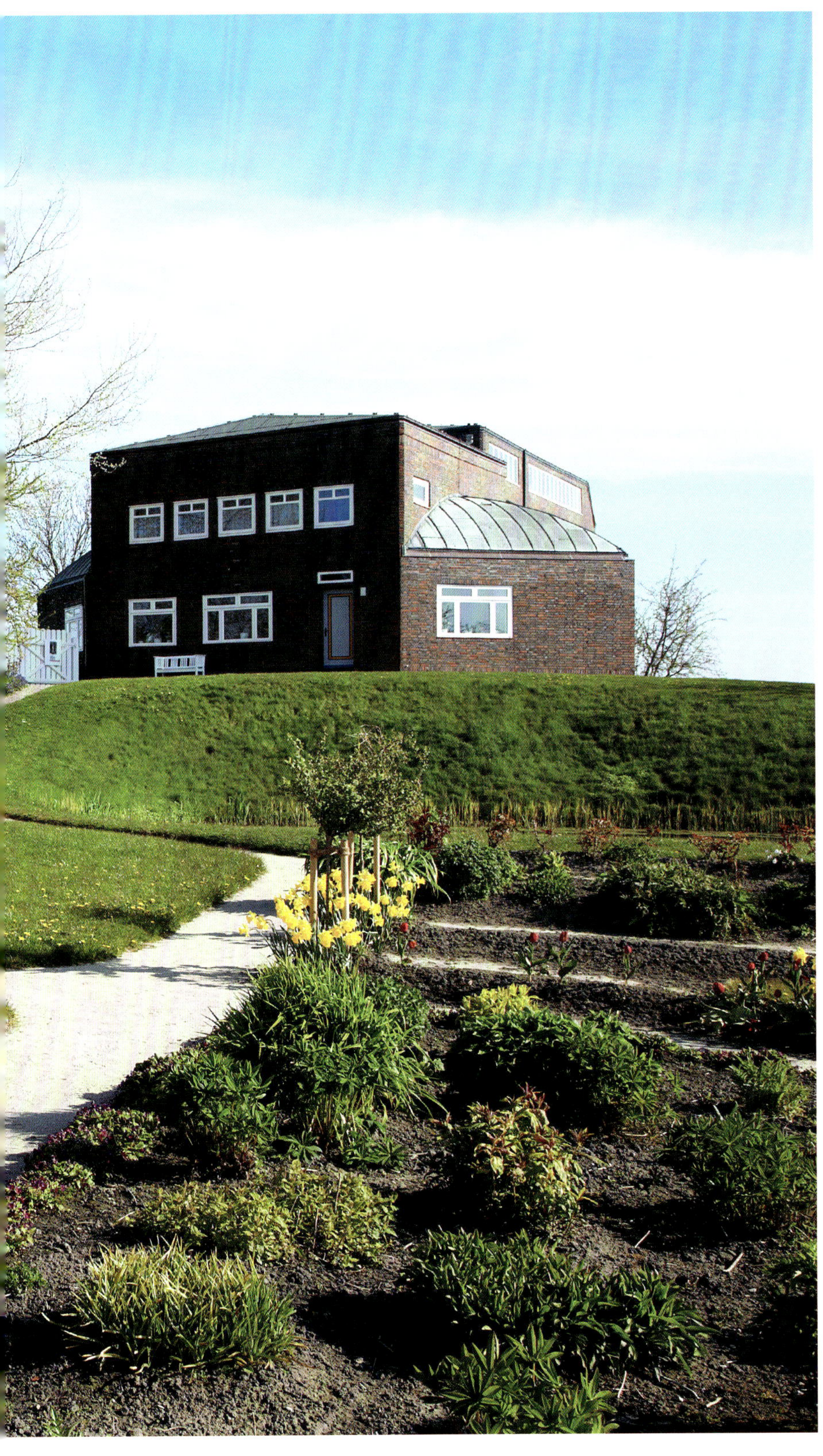

Henry Moore in Seebüll

Astrid Becker

Das Schaffen von Henry Moore ist tief geprägt von der leicht gewellten Landschaft und den imposanten Felsen seiner Heimat im Norden Englands.[1] In den weichen Rundungen und den organischen Formen seiner Skulpturen werden Berge und Schluchten, Täler und Hügel nachspürbar. Er strebt nach einem skulpturalen Sinnbild für die »menschliche Beziehung zur Erde, mit Bergen und Landschaft«.[2] Wie kein zweiter Bildhauer des 20. Jahrhunderts vermochte Moore in die Gesetze der Natur einzutauchen und sie in eigene Gestaltungen zu transformieren.

Die weiten Senken und sanften Anhöhen Yorkshires erscheinen idyllischer als die dem Meer abgerungene Ebene Nordfrieslands, die Heimat Emil Noldes. Doch der flache Landstrich im hohen Norden Deutschlands bietet mit seinen von Menschenhand geschaffenen Deichen und Warften, den weidenden Schafen und eingewachsenen Grundstücken durchaus verwandte Naturformationen und -eindrücke. Der Garten von Seebüll, der vor einer sanft ansteigenden Warft mit dem Wohn- und Atelierhaus Noldes liegt, fasziniert durch das künstlerische Konzept der Anlage und durch seine prachtvolle Fülle an Sommerblumen und Stauden. Es ist ein besonders malerischer Ort an der rauen und herben Westküste Deutschlands, der in eine spielerische und fast vertraute Beziehung zu den verlandschaftlichten Formen der Skulpturen Moores tritt.

2017 werden zum 150. Jubiläum von Noldes Geburtstag im Garten Seebüll vier Skulpturen von Moore ausgestellt: *Working Model for Three Piece Reclining Figure: Draped* (**Abb. S. 27**), *Working Model for Reclining Figure: Angles* (**Abb. S. 30 unten**), *Working Model for Draped Reclining Figure* (**Abb. S. 35**) und *Working Model for Oval with Points* (**Abb. S. 24 oben**). Die Auswahl konzentriert sich auf das Spätwerk des Künstlers, und es sind allesamt »Working Models« (Arbeitsmodelle). Die in dieser Werkphase aufkommende Tendenz zur Großplastik führt vermehrt zu Zwischenmodellen: Die in Ton, Wachs oder Gips aufgebaute Maquette dient als erster, eher skizzenhafter Entwurf im kleinen Format, deren Ansicht auf einem Drehteller aus allen Sichtachsen abgewägt wird (**Abb. S. 18**). Anschließend meißelt Moore – meistens aus hart gewordenem Gips – ein Arbeitsmodell von mittlerer Größe. Die endgültige, mehrere Meter messende Großplastik ist von eindrucksvoller Monumentalität. Jede Arbeitsstufe, beispielsweise in Gips, kann in eine mehrteilige Auflage in Bronze gegossen werden.

Henry Moore

Die Genese des Œuvres von Henry Moore gliedert sich in vier Phasen.[3] Seine Selbstfindung reicht von 1919, dem Beginn des Studiums an der Leeds School of Art, bis 1929, während der er unter anderem als Autodidakt die Kunstgeschichte intensiv studiert und den Primitivismus sowie die altmexikanischen Chac-mool-Figuren für sich entdeckt. In seinen ersten Skulpturen ab

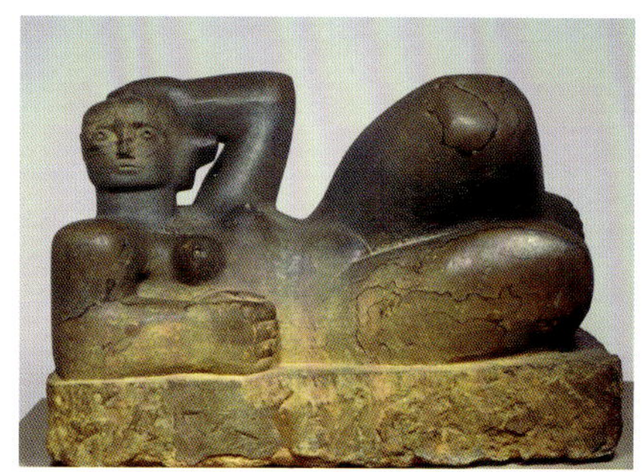

1 Henry Moore, *Reclining Figure*, 1929, brauner Hornton-Stein, 83,8 cm, LH 59, Leeds Museums and Galleries, Leeds Art Gallery

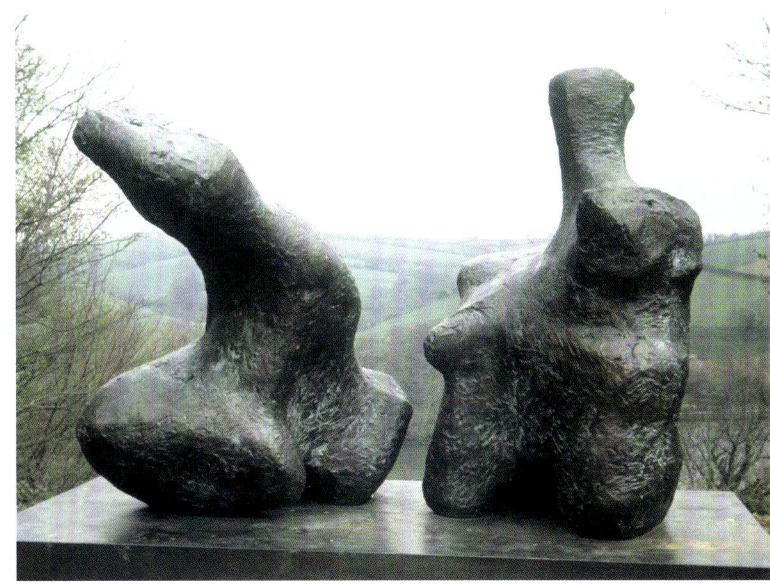

2 Henry Moore, *Two Piece Reclining Figure No. 1*, 1959, Bronze, 143 × 215 × 138 cm, LH 457, Wilhelm Lehmbruck Museum, Duisburg

1921 verdichtet sich das Gesehene, Gelernte zu einem archaischen, blockhaften Ausdruck und zu einer Fokussierung auf steingerechte Materialbehandlung, die 1929 abschließend mit *Reclining Figure* (**Abb. 1**) zu einem ersten Höhepunkt führt. Das folgende Dezennium steht im Zeichen des Surrealismus und einer Experimentierfreudigkeit, die ebenso zahlreiche wie folgenreiche Innovationen hervorbringt. Noch Jahrzehnte später greift er auf die neu gewonnenen Formfindungen jener Zeit zurück. Der dritte Entwicklungsabschnitt umfasst die 1940er- und 1950er-Jahre. Er ist geprägt von einem politisch geschärften Bewusstsein angesichts der Katastrophe des Zweiten Weltkriegs und der Auseinandersetzung mit der klassischen Antike. Im Alterswerk, das um 1959–60 einsetzt, öffnet sich der Weg zur monumentalen Großplastik und zu vermehrten Torsi- und Fragmentbildungen. Auch gewinnen die Gelenkstellen zunehmend an Aufmerksamkeit. Einer der fünf für Moore zentralen Wertmaßstäbe seines Schaffens – die »Vitalität«,[4] die nie versiegende Energie des Lebens – wird in der Spannkraft der für die muskuläre Bewegung entscheidenden Gelenke sichtbar.[5] Das bis dahin formal Gewonnene erfährt eine höhere Stilisierung, Abstrahierung sowie Einfachheit und zugleich eine größere Komplexität durch Kontraste, wie beispielsweise die Parallelität unterschiedlicher Oberflächenbehandlungen. Mit *Two Piece Reclining Figure No. 1* (**Abb. 2**) findet die mehrfache Teilung der Liegenden bestimmenden Eingang in sein Schaffen.

Die liegende Figur – »einfach eine fixe Idee«[6]

Henry Moores figürliches Spektrum fokussiert sich auf die weibliche Gestalt mit einem konzentrierten Posenkanon und ruhigen sowie schweren, gesetzten Formen. Affinität und Gestaltung dürften durch die tiefe Beziehung des Bildhauers zu seiner Mutter beeinflusst worden sein.[7] Zu den »zwei oder drei Obsessionen«,[8] die ihn zeitlebens beschäftigen, gehört das Motiv Mutter und Kind (**Abb. S. 44**) und insbesondere die Liegende. Letztere umfassen fast ein Viertel der über 900 im Catalogue raisonné verzeichneten Skulpturen.[9] Diese Position bietet die größtmögliche Freiheit, mit Materialien, Kompositionen und Volumina zu experimentieren: »Es gibt drei Grundhaltungen der menschlichen Figur: Stehen, Sitzen und Liegen. Wenn man nun, wie ich, die menschliche Figur in Stein hauen will, ist die stehende Haltung unbrauchbar. Der Stein ist nicht so kräftig wie Knochen, die Figur würde an den Fußknöcheln brechen und umstürzen. […] Mit der sitzenden oder liegenden Figur jedoch hat man diese Sorge nicht, und da gibt es genügend Vielfältigkeit, um jeden Bildhauer sein Leben

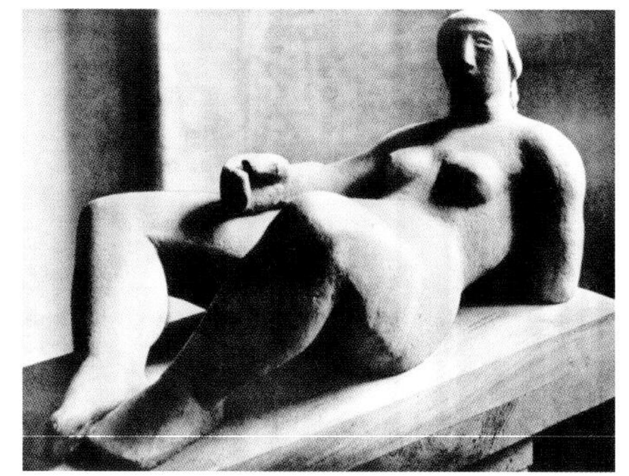

3 Henry Moore, *Reclining Figure*, 1926, Gips, 40,7 cm, LH 30, zerstört

lang zu beschäftigen.«[10] Und so lassen sich an diesem Sujet sämtliche Stufen seiner künstlerischen Entwicklung nachverfolgen. Die erste Liegende formt Moore 1926 (**Abb. 3**). Bis zum Ende der 1940er-Jahre greift der Bildhauer das Motiv immer wieder auf – etwa eine Skulptur jährlich. Ab den 1950er-Jahren bricht sich das Thema seine Bahn, denn mit durchschnittlich mindestens vier liegenden Figuren pro Jahr entstehen bis zum Lebensende über drei Viertel dieser Werkgruppe.

Working Model for Three Piece Reclining Figure: Draped, 1975

Mit den drei in Seebüll ausgestellten drapierten Liegenden wird das maßgebende Thema Moores gewürdigt: *Working Model for Three Piece Reclining Figure: Draped* (**Abb. S. 27**), *Working Model for Reclining Figure: Angles* (**Abb. S. 30 unten**) und *Working Model for Draped Reclining Figure* (**Abb. S. 35**). Allesamt dem Spätwerk verpflichtet, greift Henry Moore gleichwohl auf Innovationen aus früheren Werkphasen zurück und entwickelt sie weiter.

Anhand der 1975 entstandenen Skulptur *Working Model for Three Piece Reclining Figure: Draped* lassen sich die kleinen Unterschiede in den einzelnen Arbeitsstufen aufzeigen. In der 25 cm schmalen *Maquette for Three Piece Reclining Figure: Draped* (**Abb. S. 26**) bleibt das Suchende im Findungsprozess sichtbar. Noch im Bronzeabguss der skulpturalen Entwurfsskizze wirken in der unruhigen Oberfläche das weiche Ausgangsmaterial wie Wachs, Ton oder Gips und die formenden Finger des Künstlers nach. Der entscheidende Schritt hin zum monumentalen Schwesterstück erfolgt im 112 cm breiten Arbeitsmodell *Working Model for Three Piece Reclining Figure: Draped* (**Abb. S. 27**). Die an der Maquette beobachteten tastenden Spuren sind durch eine glatte Außenhaut ersetzt. Anders als in der 474 cm langen Großplastik *Three Piece Reclining Figure: Draped* im Garten von Perry Green (**Abb. S. 28–29**) treten die bewusst gesetzten Einritzungen im Zwischenmodell deutlich dominanter hervor.

Der hoch aufragende Rumpf von *Working Model for Three Piece Reclining Figure: Draped* mit angedeutetem Kopf, rechtem fragmentiertem Arm und Hüftgelenk ist räumlich von seinen unteren Extremitäten getrennt. Während das linke Bein an einen Oberschenkel mit direkt anschließendem stumpfem Fuß erinnert, wird das rechte nur durch Kleidung erahnbar, die mehrere Assoziationen weckt. Zum einen erinnern die sanft gewellten Formen an den Wellenschlag am Strand. Zum anderen ähneln sie in ihrer Stilisierung dem erstmals im *Rocking Chair No. 3* (**Abb. 4**) von 1950 auftauchenden Rock mit seinen klar formulierten Stoffbahnen. Ihre organischere Gestaltung führt jedoch weiter zu den vom Meer wellenartig geformten Muscheln, die beispielsweise zu *Standing Girl: Shell Skirt* (**Abb. 5**) inspirierten. Im Vergleich zu den beiden anderen in Seebüll ausgestellten drapierten Liegenden erscheint *Working Model for Three Piece Reclining Figure: Draped* abstrakter und abrupter in der Gestaltung. Moore

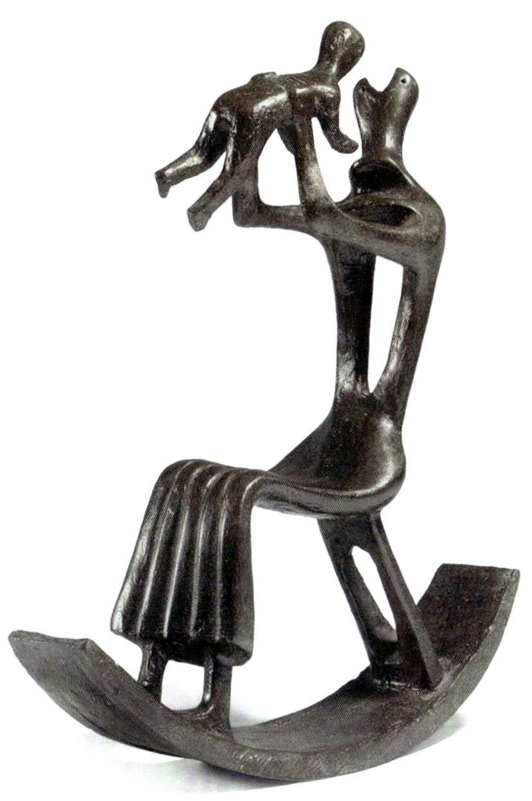

4 Henry Moore, *Rocking Chair No. 3*, 1950,
Bronze, 32 cm, LH 276, Privatsammlung

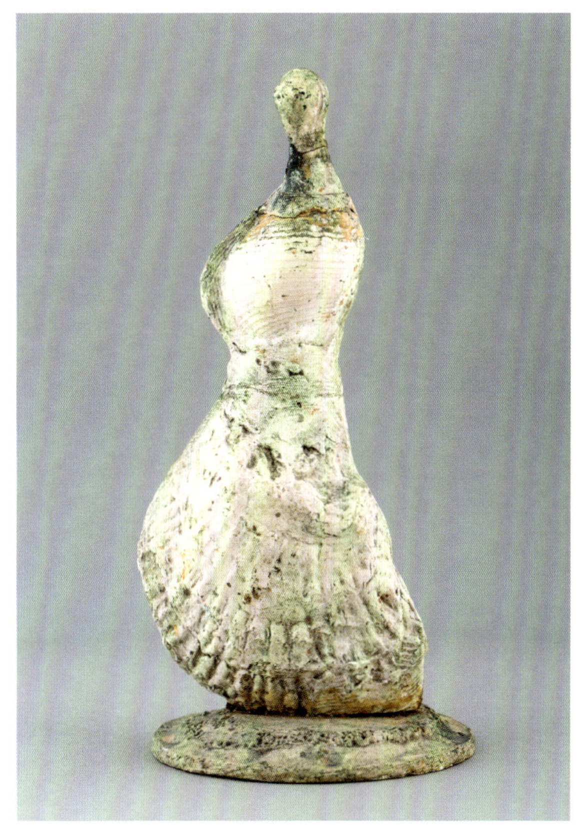

5 Henry Moore, *Standing Girl: Shell Skirt*, 1975,
Gips, 17,3 × 9 × 8,7 cm, LH 659,
The Henry Moore Foundation

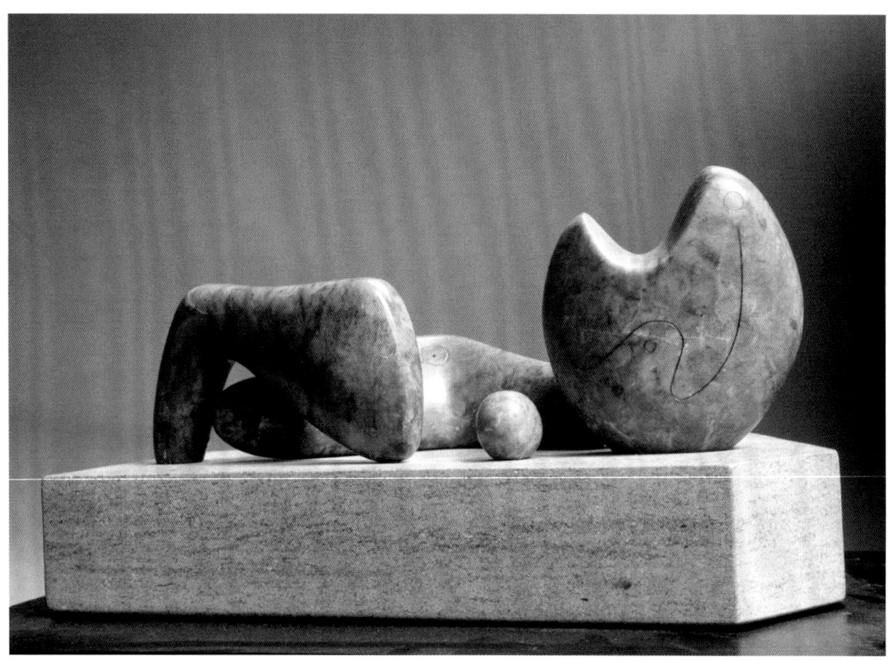

6 Henry Moore, *Four Piece Composition: Reclining Figure*, 1934, Cumberland-Alabaster auf einer Basis aus Purbeck-Marmor, 50,8 cm, LH 154, The Trustees of the Tate Gallery, London

balanciert die divergierenden Kontraste harmonisch aus, doch bleibt die Konfrontation von sanften und scharfen Formmodulationen, von anschwellenden und sich verjüngenden Formen und von vertikaler und horizontaler Ausrichtung dirigierendes Moment der Skulptur. Ein weiteres entscheidendes Element ist die Zerstörung der Einheit. Erstmals in seiner surrealistischen Phase der 1930er-Jahre zergliedert Moore seine Plastiken (**Abb. 6**). Dieser Kompositionsgedanke erhält im Spätwerk eine besondere Stellung und wird durch *Two Piece Reclining Figure No. 1* (**Abb. 2**) eingeführt. Doch anders als in der früheren Werkphase werden die Einzelelemente nicht auf geometrische Formen reduziert, sondern erinnern an Knochen, Fels- und Landschaftsformationen. Es folgt Anfang der 1960er-Jahre die Teilung in drei (**Abb. 7**) und anschließend in vielfache Glieder. Das Seebüller Exponat stellt die erste Drapierte einer dreigeteilten Zergliederung dar. Die sich öffnenden Hohlräume sind nicht sinnentleertes Vakuum, sondern »ein Bestandteil, der von der Vorstellung aufgefüllt werden muss«.[11] Die genau kalkulierten Intervalle vitalisieren sich in der Imagination des Betrachters und schaffen spannungsvolle Beziehungen zwischen den Einzelelementen. Das Wechselspiel von Raum und Form steht für Moore seit jeher in einem untrennbaren Verhältnis zueinander und kulminiert im Spätwerk mit der Zergliederung der Skulptur. Zugleich weitet die zunehmende Abstraktion in Ausführung und Komposition die Assoziationsmöglichkeiten. »Es war mir klar geworden, was durch eine zweiteilige Komposition für die Beziehung der Figuren zur Landschaft gewonnen werden konnte. Knie und Brüste sind Berge. Sobald diese beiden Teile voneinander getrennt sind, erwartet man nicht, daß es eine naturalistische Figur wird; es läßt sich daher rechtfertigen, daß man sie wie eine Landschaft oder wie einen Felsen gestaltet. Wenn es sich um eine Einzelfigur handelt, kann man erraten,

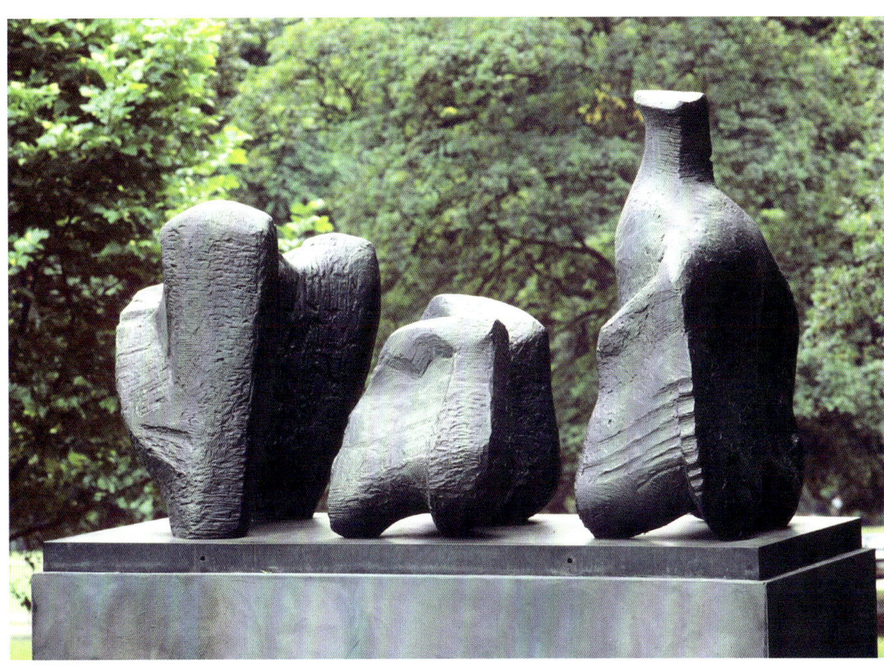

7 Henry Moore, *Three Piece Reclining Figure No. 1*, 1961–62, Bronze, 287 cm, LH 500, Guss 0 von 7, Tate Gallery, London

wie sie aussehen wird. Sind es zwei Teile, dann ist die Überraschung größer […].«[12] Der menschliche Körper wird zur Landschaft und bleibt doch figürlich. Somit gelingt Moore eine engere formale Verknüpfung seiner beiden Hauptinspirationsquellen: Mensch und Natur. Ausgehend von seiner Vorstellung, dass Künstler und Betrachter am ehesten vom eigenen Sein ausgehen, wird auch die Landschaft im Körpergefühl nacherlebt. Dieser Gedanke findet in den skulpturalen Naturanalogien der Liegenden eine kongeniale Metapher.

Working Model for Reclining Figure: Angles, 1975–1977

Working Model for Reclining Figure: Angles (**Abb. S. 30 unten**) stellt eine auf dem Rücken liegende weibliche Gestalt dar. Sie dreht ihren Kopf nach hinten, winkelt die Beine an, sie stützt sich auf ihren linken Ellbogen und ist leicht zur Seite geneigt. Die Drapierte ist den Sehgewohnheiten des Betrachters mehr verpflichtet als *Working Model for Three Piece Reclining Figure: Draped* (**Abb. S. 27**). Gleichwohl verrät der Titel Angles (Winkel) das bestimmende Moment: eckige Gliedmaßen und Ausbruch der Form. Die meisten Elemente einer Skulptur bleiben innerhalb eines unsichtbaren Rahmengefüges. Ellbogen, Schulter und Knie von *Working Model for Reclining Figure: Angles* überschreiten jedoch diese schattenhafte Grenze. Die Rückenansicht offenbart, dass der aufgestützte linke Unterarm sowie der angewinkelte und horizontal erhobene rechte Arm einen nahezu rechten Winkel bilden und wie ein gleichschenkliges Dreieck erscheinen, zöge man eine Linie von Ellbogen zu Ellbogen (**Abb. S. 31**). Frontal sticht die profilierte Winkelschulter stark hervor, die durch den kubisch formulierten Haarschopf harmonisch ausbalanciert wird, und formt mit der weit links positionierten Brust eine weitere weibliche Vorderansicht. Wie kaum eine andere naturalistisch anmutende Liegende versinnbildlicht ihr massives Schultergelenk

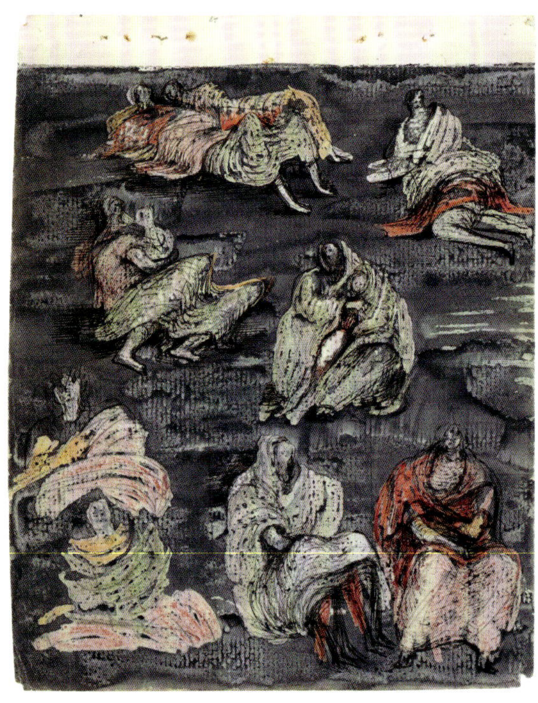

9 Henry Moore, *Shelter Drawing*, 1941, Aquarell, Bleistift, Kreide, Kugelschreiber, Tusche und Wachskreide, 53,1 × 42,8 cm, The Henry Moore Foundation

als »Schlüsselstelle« den von Moore erstrebten Ausdruck von innerer Kraft, von Lebensenergie: »Ich möchte gern, daß meine Skulpturen Stärke, Kraft, Leben, Vitalität ausstrahlen, so daß man fühlt, der innere Druck suche sie zu sprengen oder die innere Kraft nach außen abzugeben, nicht aber meint, etwas vor sich zu haben, was einfach von außen gestaltet und festgehalten wurde. Es ist, als würde es versuchen, selbst, von innen heraus, eine Form zu erlangen.«[13] Die Unruhe durch die Winkelschulter wird mit dem unnatürlich nach hinten gewandten Kopf gesteigert. Dessen drastische Haltung wird durch die seitliche Drehung in *Reclining Figure* (**Abb. 1**) vorbereitet und findet sich im Gesamtœuvre bei einer Liegenden nur noch in *Draped Reclining Figure* von 1956 (**Abb. 8**) angedeutet. Die sonderbar verrenkte Pose betont den in die Ferne gerichteten Blick.

Working Model for Draped Reclining Figure, 1976–1979

Die drei in Seebüll aufgestellten Liegenden sind sämtlich bekleidet: Bei *Working Model for Three Piece Reclining Figure: Draped* (**Abb. S. 27**) definiert allein eine Stoffbahn das rechte Bein. *Working Model for Reclining Figure: Angles* (**Abb. S. 30 unten**) und *Working Model for Draped Reclining Figure* (**Abb. S. 35**) weisen einen vergleichbaren Bekleidungsgrad, aber eine unterschiedliche Behandlung des Gewebes auf. Die größere Ruhe von *Working Model for Draped Reclining Figure* durch parallele und stilisiertere Formen sowie gelassenerer Pose lässt deren glatte Oberfläche zu einem besonders eindrucksvollen Reflexionsareal werden.

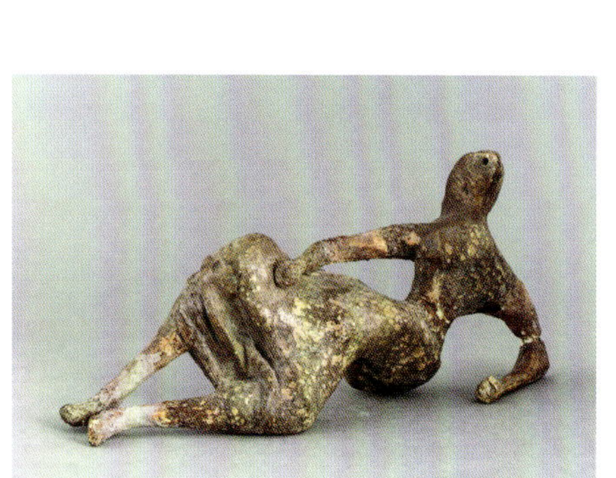

8 Henry Moore, *Draped Reclining Figure*, 1956, Gips mit Schellack, 7,1 × 16,8 × 4,5 cm, LH 411, The Henry Moore Foundation

Erste Gewandstudien beispielsweise nach Giotto tauchen bei Henry Moore um 1925 auf, und die Drapierung als Kompositionselement – zum Zwecke der Formverdichtung – erscheint erstmals, wenn auch vereinzelt, in seiner surrealistischen Phase der 1930er-Jahre. Während des Zweiten Weltkriegs stechen ihm die in Decken und Mäntel verhüllten, zumeist schlafenden Schutzsuchenden in der Untergrundbahn ins Auge. Die Beobachtungen veranlassen den Bildhauer zur erneuten Auseinandersetzung mit der Gewand-Thematik und führen 1941–42 zu den *Shelter Drawings* (**Abb. 9**). In diesen Arbeiten löst sich die Draperie aus ihrer dienenden Funktion als reine Körperdefinition und emanzipiert sich zu einem autonomen Ausdrucksträger.[14] Inspiriert durch seine Griechenland-Reise 1951 entfalten sich Impulse aus der

Antike in der Gewandbehandlung. Während die Haltung der Liegenden mit rückwärts auf den Ellbogen aufgestütztem Rumpf und hochgezogenen Knien vertraut bleibt, kommen 1952 dichte Falten als Neuerung hinzu. Schwere Stoffbahnen schmiegen sich an die Körperformen, verbinden die einzelnen Extremitäten und harmonisieren den Rhythmus. Gewand und Körper werden in *Draped Reclining Figure* (**Abb. 10**) erstmals zur Einheit, ohne jedoch ihre Eigenständigkeit zu verlieren. Neben den Gelenken vermag auch das Gewand die innere Kraft, die Lebensenergie zu verdeutlichen und lässt zudem weitere Assoziationen zu Naturformationen zu: »Draperie vermag die Spannung in einer Figur zu betonen, denn dort wo die Form vorstößt, wie an den Schultern, den Hüften, den Brüsten usw., kann die Drapierung straff darübergezogen werden (fast wie ein Verband), und im Gegensatz zu den losen Falten des Stoffs zwischen den vorspringenden Stellen wird dann der Druck von innen heraus verstärkt. Die Draperie kann auch durch ihre Richtung über die Formabschnitte deutlicher machen, das heißt die Gestalt betonen. Sie braucht nicht bloß ein dekorativer Zusatz zu sein, sondern sie kann dazu dienen, die bildhauerische Idee der Figur hervorzuheben. Mit den verschiedenartigen Falten – hier klein, fein und zart, an anderen Stellen groß und schwer – wollte ich auch die Form der Berge anklingen lassen, die in Falten geworfene Erdoberfläche«.[15]

Working Model for Draped Reclining Figure (**Abb. S. 35**) greift unmittelbar auf die erste drapierte Liegende *Draped Reclining Figure* zurück. Gleichwohl ist sie dem Spätwerk verpflichtet. Die Skulptur neigt in ihrer Ausgestaltung weniger dem Naturalismus zu, sondern verbindet eine höhere Stilisierung und Abstrahierung mit Einfachheit.

Working Model for Oval with Points, 1968–69

In der Auswahl der Skulpturen von Henry Moore für Seebüll sticht *Working Model for Oval with Points* (**Abb. S. 24 oben**) aus der Reihe der Liegenden heraus. Diese Plastik vereint zwei Innovationen aus Moores surrealistischer Phase der 1930er-Jahre: Spitzen und Hohlräume. Für Moore ist der skulpturale Durchbruch und Durchblick ein Gestaltungsmoment, das die Dreidimensionalität der Plastik und zugleich die Gleichwertigkeit von Form und Raum betont. Die erste Durchhöhlung findet sich 1933 in *Carving (Figure)* (**Abb. 11**): »Das erste Loch, das man in ein Stück Stein bohrt, ist eine Offenbarung. Das Loch verbindet eine Seite mit der anderen und macht das Ganze sofort deutlich dreidimensional. Ein Loch kann an sich ebensoviel Formbedeutung haben wie eine feste Masse. Skulptur in Luft ist dort möglich, wo der Stein nur das Loch enthält, das die beabsichtigte, ins Auge gefaßte Form ist. Das Geheimnis des Lochs – der geheimnisvolle Zauber von Höhlen in Bergabhängen und Felsen.«[16] Symbolisch stärker aufgeladen sind die Interpretationen über die Zuspitzungen. Die erste nadelspitze Skulptur, deren Spitzen sich fast berühren

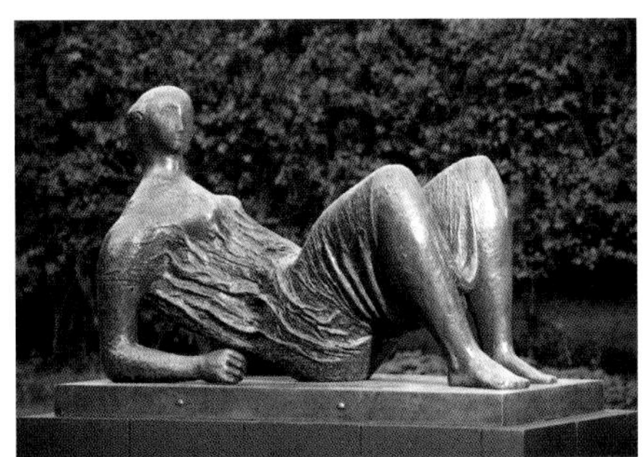

10 Henry Moore, *Draped Reclining Figure*, 1952–53, Bronze, 157,5 cm, LH 336, The Henry Moore Foundation

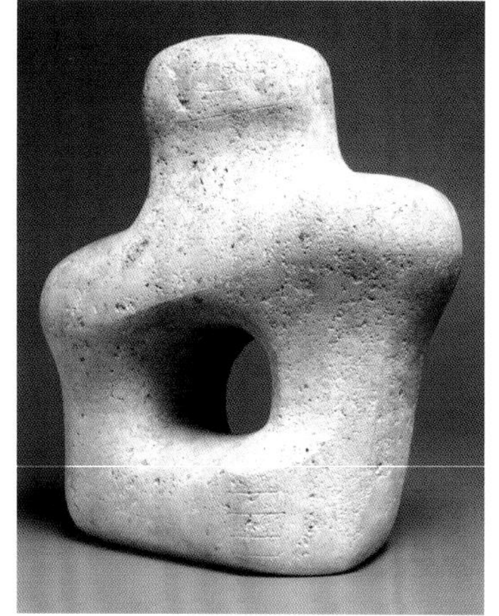

11 Henry Moore, *Carving (Figure)*, 1933, Travertin, 40,6 cm, LH 137, Privatsammlung

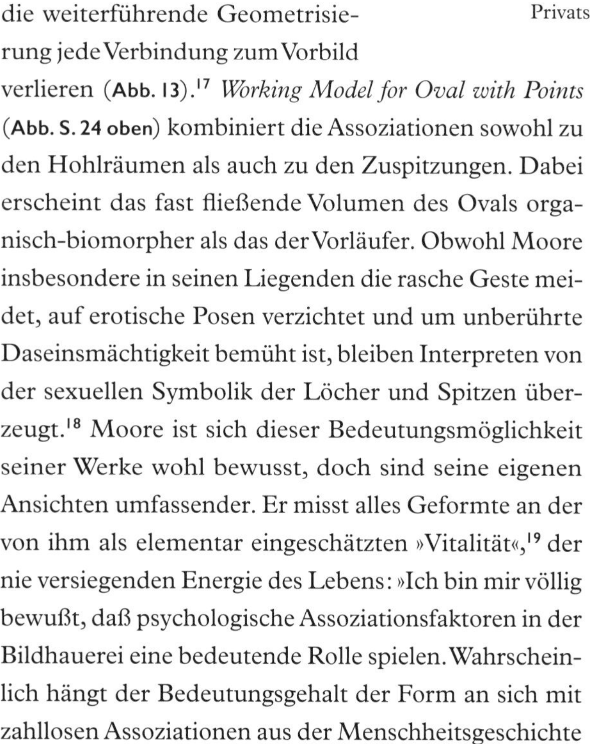

und deren schmale Zwischenräume mit höchster Spannung aufgeladen sind, stammt aus der sogenannten Bleiperiode: *Three Points* (**Abb. 12**). Ihre Formgenese lässt sich auf eine Zeichnung von etwa 1940 zurückführen, in der die Spitzen offensichtlich aus den Brüsten eines weiblichen Rumpfes abgeleitet werden und durch die weiterführende Geometrisierung jede Verbindung zum Vorbild verlieren (**Abb. 13**).[17] *Working Model for Oval with Points* (**Abb. S. 24 oben**) kombiniert die Assoziationen sowohl zu den Hohlräumen als auch zu den Zuspitzungen. Dabei erscheint das fast fließende Volumen des Ovals organisch-biomorpher als das der Vorläufer. Obwohl Moore insbesondere in seinen Liegenden die rasche Geste meidet, auf erotische Posen verzichtet und um unberührte Daseinsmächtigkeit bemüht ist, bleiben Interpreten von der sexuellen Symbolik der Löcher und Spitzen überzeugt.[18] Moore ist sich dieser Bedeutungsmöglichkeit seiner Werke wohl bewusst, doch sind seine eigenen Ansichten umfassender. Er misst alles Geformte an der von ihm als elementar eingeschätzten »Vitalität«,[19] der nie versiegenden Energie des Lebens: »Ich bin mir völlig bewußt, daß psychologische Assoziationsfaktoren in der Bildhauerei eine bedeutende Rolle spielen. Wahrscheinlich hängt der Bedeutungsgehalt der Form an sich mit zahllosen Assoziationen aus der Menschheitsgeschichte zusammen. Runde Formen zum Beispiel erwecken die Vorstellung der Fruchtbarkeit und Reife, wahrscheinlich weil die Erde, die weiblichen Brüste und die meisten Früchte rund sind […]. Ich glaube, für mich wird das menschlich organische Element in der Plastik stets von grundsätzlicher Bedeutung sein, weil es der Skulptur ihre Vitalität verleiht.«[20]

Für die vier 2017 in Seebüll ausgestellten Skulpturen *Working Model for Three Piece Reclining Figure: Draped* (**Abb. S. 27**), *Working Model for Reclining Figure: Angles* (**Abb. S. 30 unten**), *Working Model for Draped Reclining Figure* (**Abb. S. 35**) und *Working Model for Oval with Points* (**Abb. S. 24 oben**) gilt, was für alle Arbeiten im Spätwerk zutrifft: In ihren sanften Rundungen und organisch-fließenden Formen wiederholt sich die leicht gewellte englische Hügellandschaft. Blendet der Betrachter das Figurative aus, so öffnen sich Gedankenräume aus Analogien und Assoziationen. Die Skulpturen sind eine Hommage an die Natur als Urquelle alles Schöpferischen und ein Sinnbild für die harmonische Einheit von Mensch und Natur. Letztlich bleibt für Henry Moore »die Skulptur […] eine Metapher, wie das Gedicht«.[21]

1 Vgl. Henry Moore, 1964, zit. nach Philipp James (Hrsg.), *Henry Moore über die Plastik. Ein Bildhauer sieht seine Kunst*, München 1972, S. 42.
2 Henry Moore, 1962, zit. nach James 1972 (wie Anm. 1), S. 306.
3 Vgl. Christa Lichtenstern, *Henry Moore. Werk. Theorie. Wirkung*, München/Berlin 2008, S. 175–177.
4 Henry Moore, »Unit One«, 1934, zit. nach James 1972 (wie Anm. 1), S. 63–66, hier S. 66.

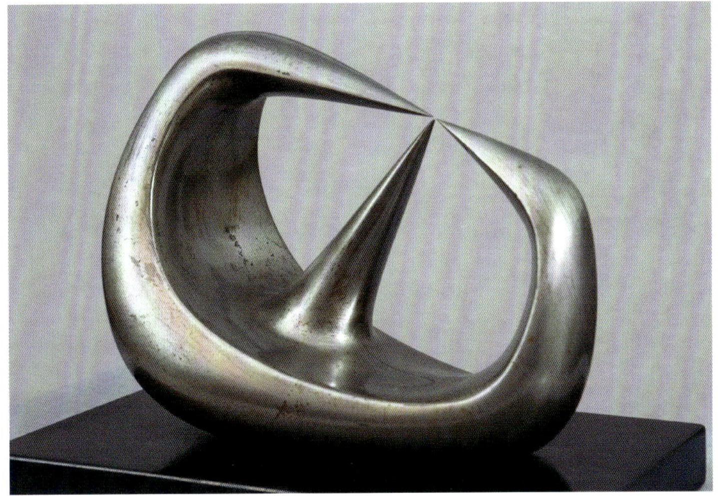

12 Henry Moore, *Three Points*, 1939–40, Eisen, 19,1 cm, LH 211, The Henry Moore Foundation

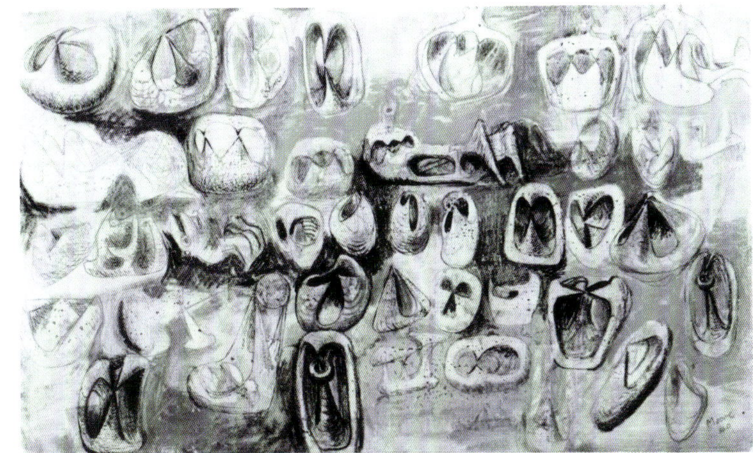

13 Henry Moore, *Spitze Formen. Skizze zur Genese von Three Points*, 1940, Aquarell, Bleistift, Kreide und Tusche, 25 × 43 cm, The Henry Moore Foundation

5 Vgl. Lichtenstern 2008 (wie Anm. 3), S. 61.

6 Henry Moore, 1961, zit. nach James 1972 (wie Anm. 1), S. 296.

7 Vgl. Henry Moore, zit. nach Roger Berthoud, *The Life of Henry Moore*, London/Boston 1987, S. 21: »I suppose I've got a mother complex […] So it's not surprising that the kind of women I've done in sculpture are mature women rather than young.«

8 Henry Moore, in: *Henry Moore Drawings 1969–79*, New York 1979, S. 29, zit. nach http://catalogue.henry-moore.org/collections/19/mother-and-child, Zugriff 3.2.2017. Übersetzung durch die Verfasserin.

9 Vielfach findet sich in der Literatur die Angabe, dass das Thema der Liegenden »zwei Drittel« des bildhauerischen Schaffens ausmache. Diese Angabe beruht wohl auf David Sylvester (1968). Vgl. Lichtenstern 2008 (wie Anm. 3), S. 95. Sie kann demzufolge nicht das gesamte Wirken bis 1986 einschließen. Das Werkverzeichnis mit über 900 Positionen verzeichnet etwa 215 Liegende.

10 Henry Moore, 1947, zit. nach James 1972 (wie Anm. 1), S. 296.

11 Henry Moore, zit. nach Lichtenstern 2008 (wie Anm. 3), S. 175.

12 Henry Moore, 1962, zit. nach James 1972 (wie Anm. 1), S. 298.

13 Henry Moore, 1964, zit. nach James 1972 (wie Anm. 1), S. 51.

14 Vgl. Lichtenstern 2008 (wie Anm. 3), S. 112.

15 Henry Moore, 1954, zit. nach Lichtenstern 2008 (wie Anm. 3), S. 150.

16 Henry Moore, 1937, zit. nach James 1972 (wie Anm. 1), S. 58.

17 Vgl. Herbert Read, *Henry Moore*, München/Zürich 1967, S. 125.

18 Vgl. Chris Stephens, »Alles andere als sanft. Henry Moore. Ein moderner Bildhauer«, in: *Henry Moore. Impuls für Europa*, hrsg. vom LWL-Museum für Kunst und Kultur Münster und Hermann Arnhold, Ausst.-Kat. LWL-Museum für Kunst und Kultur Münster, München 2016, S. 37–47, hier S. 44.

19 Wie Anm. 4.

20 Henry Moore, 1937, zit. nach James 1972 (wie Anm. 1), S. 61–62.

21 Wie Anm. 2.

Working Model for Reclining Figure: Angles, 1975–1977

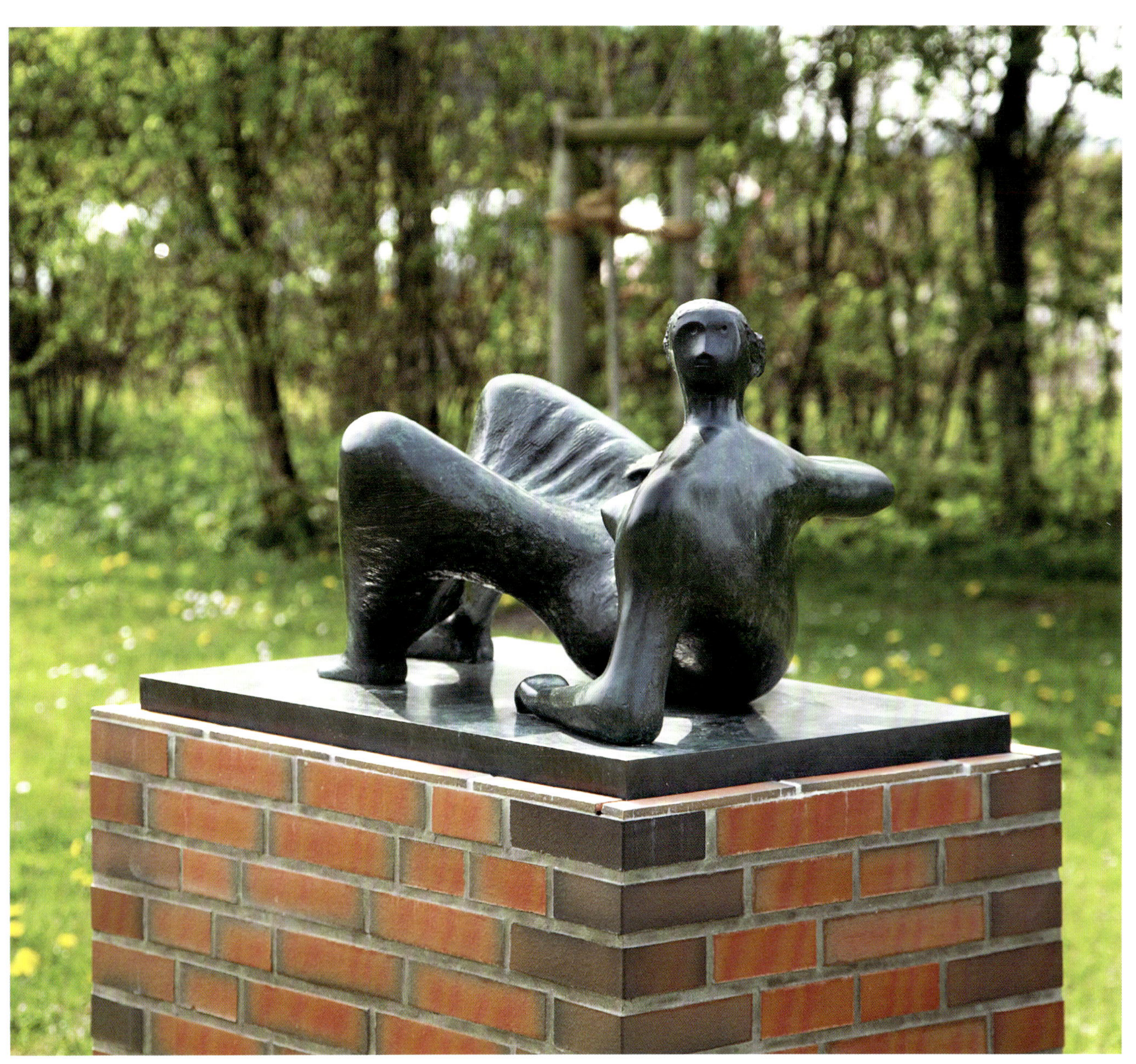

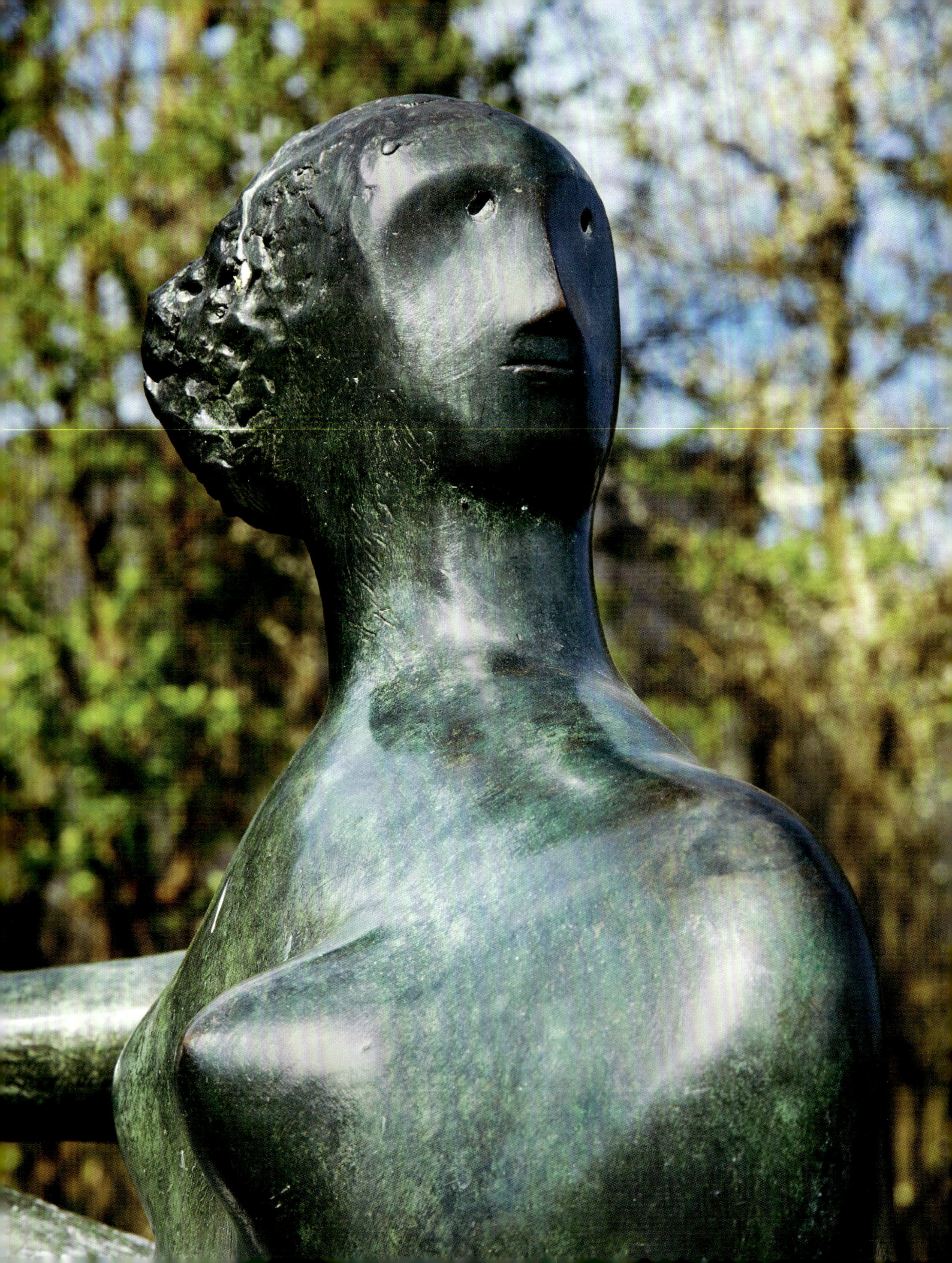

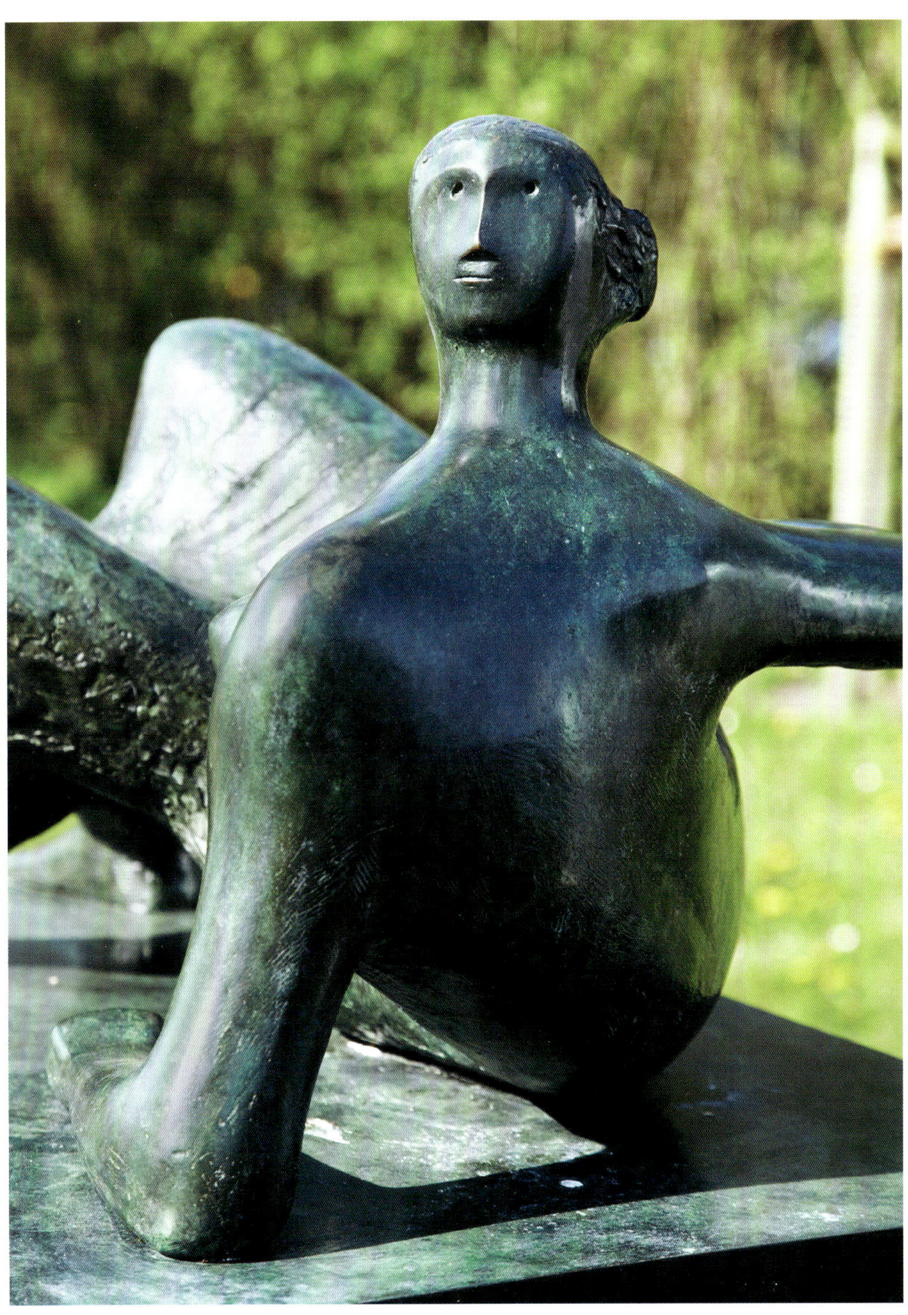

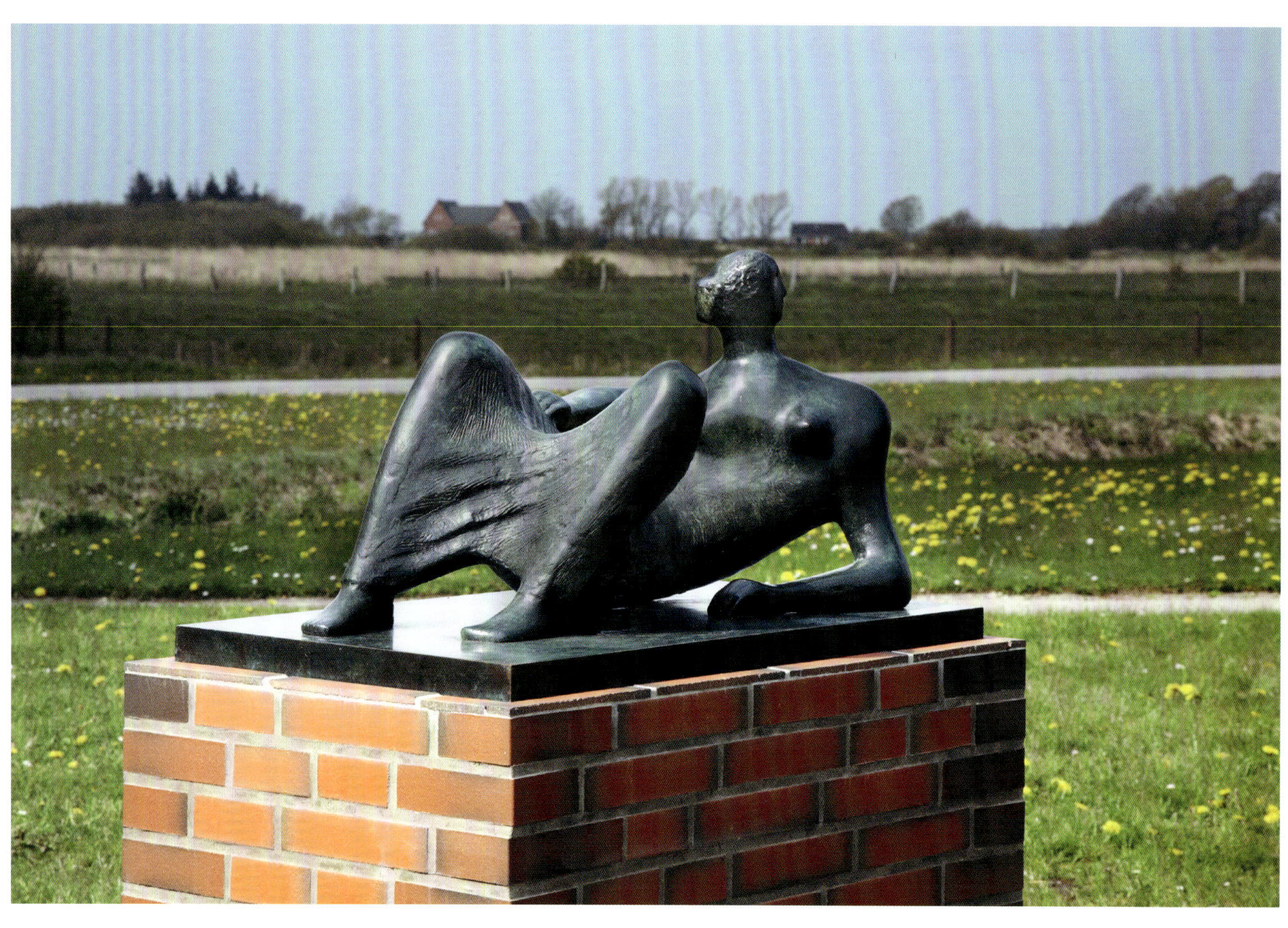

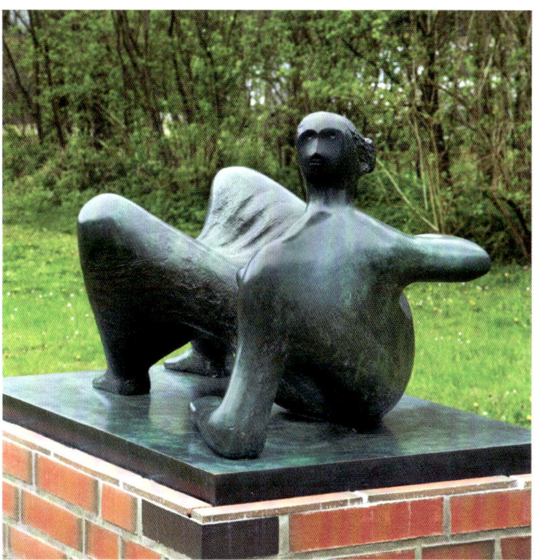

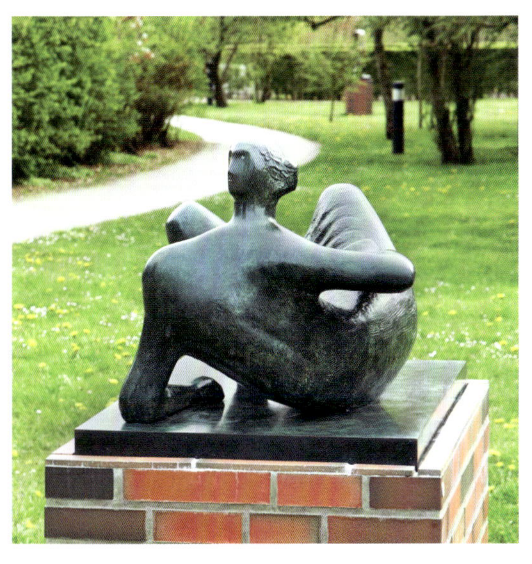

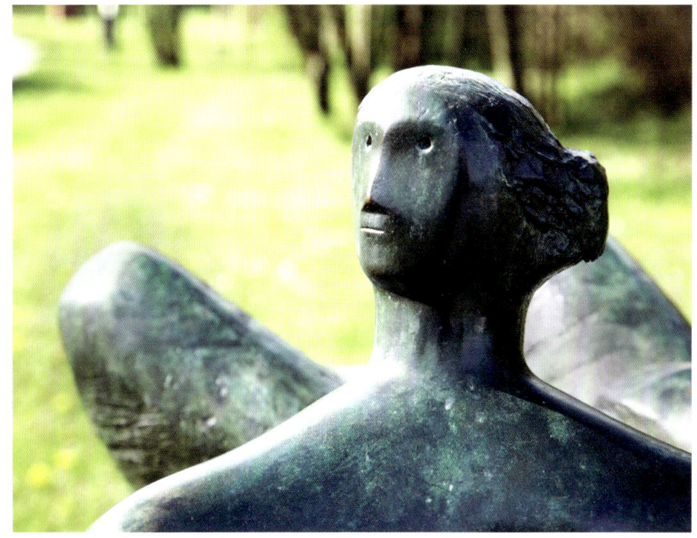

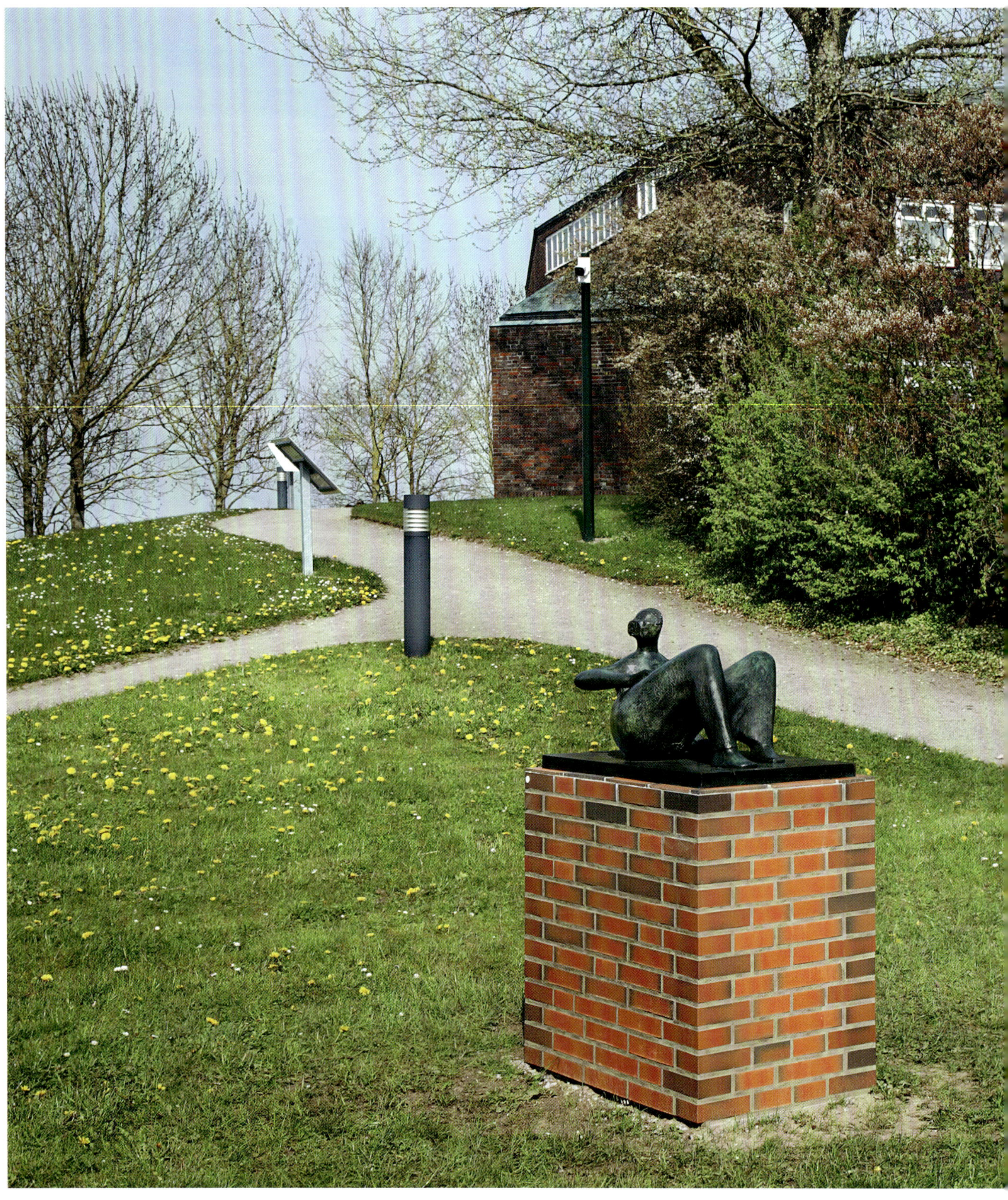

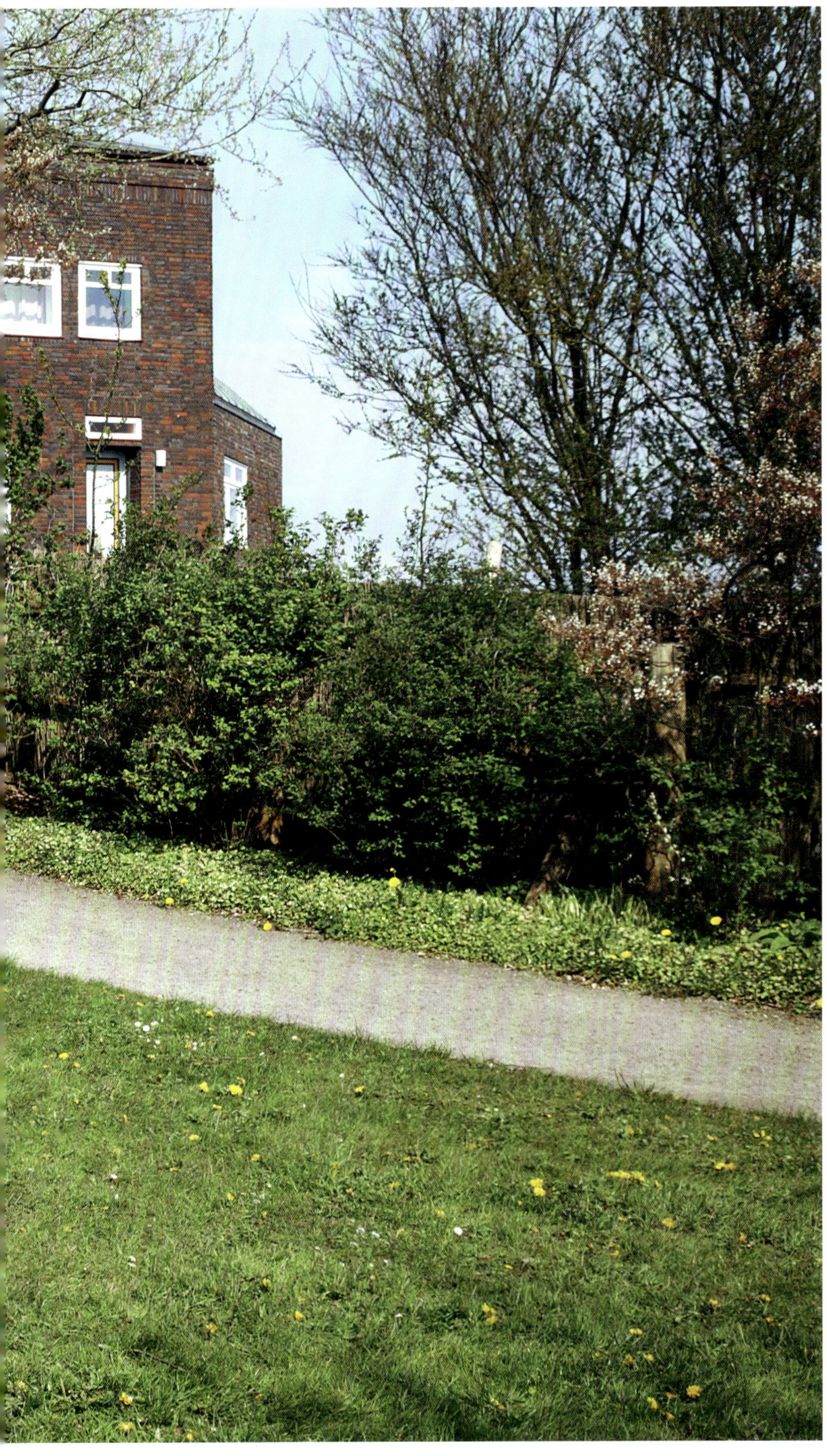

Working Model for Draped Reclining Figure, 1976–1979

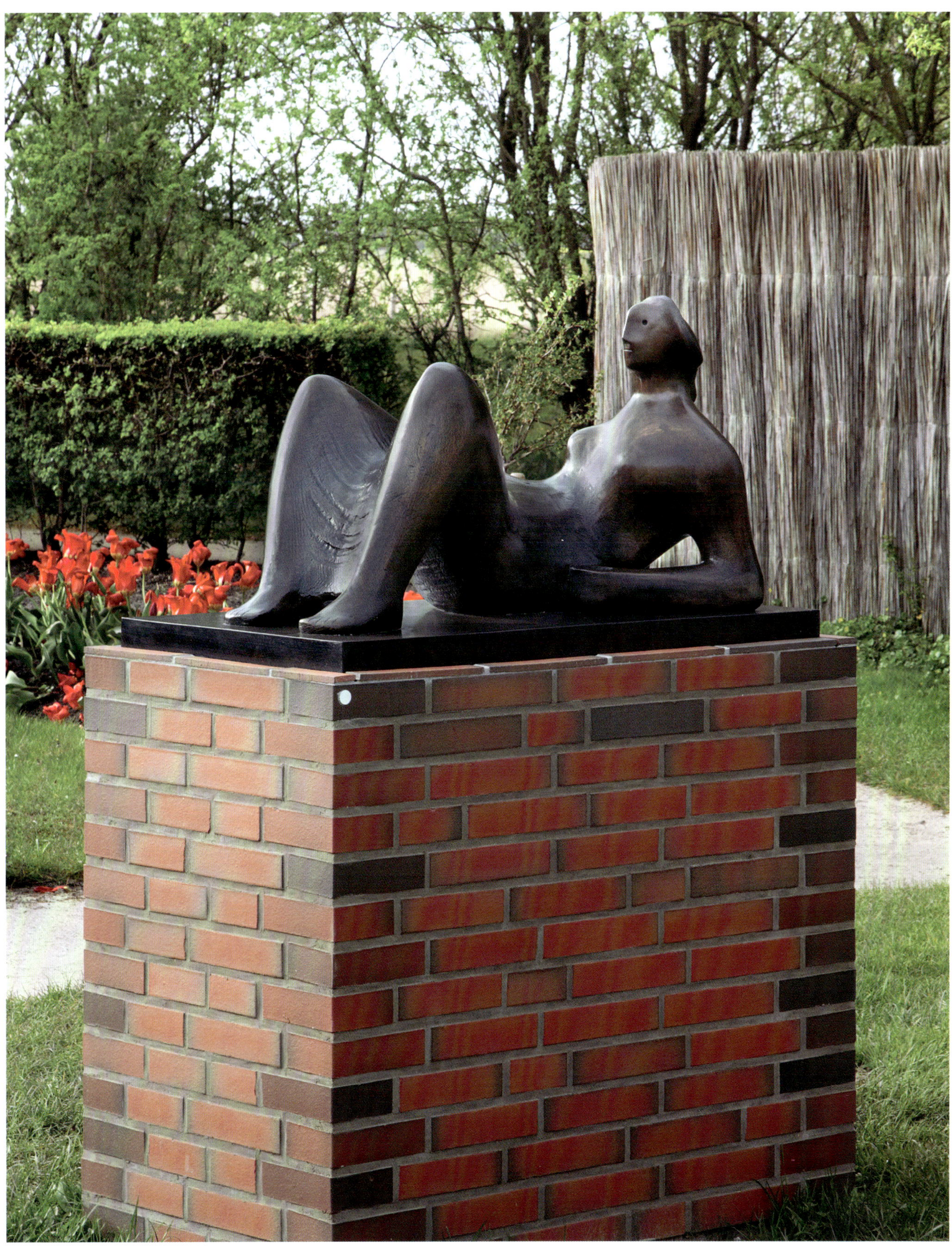

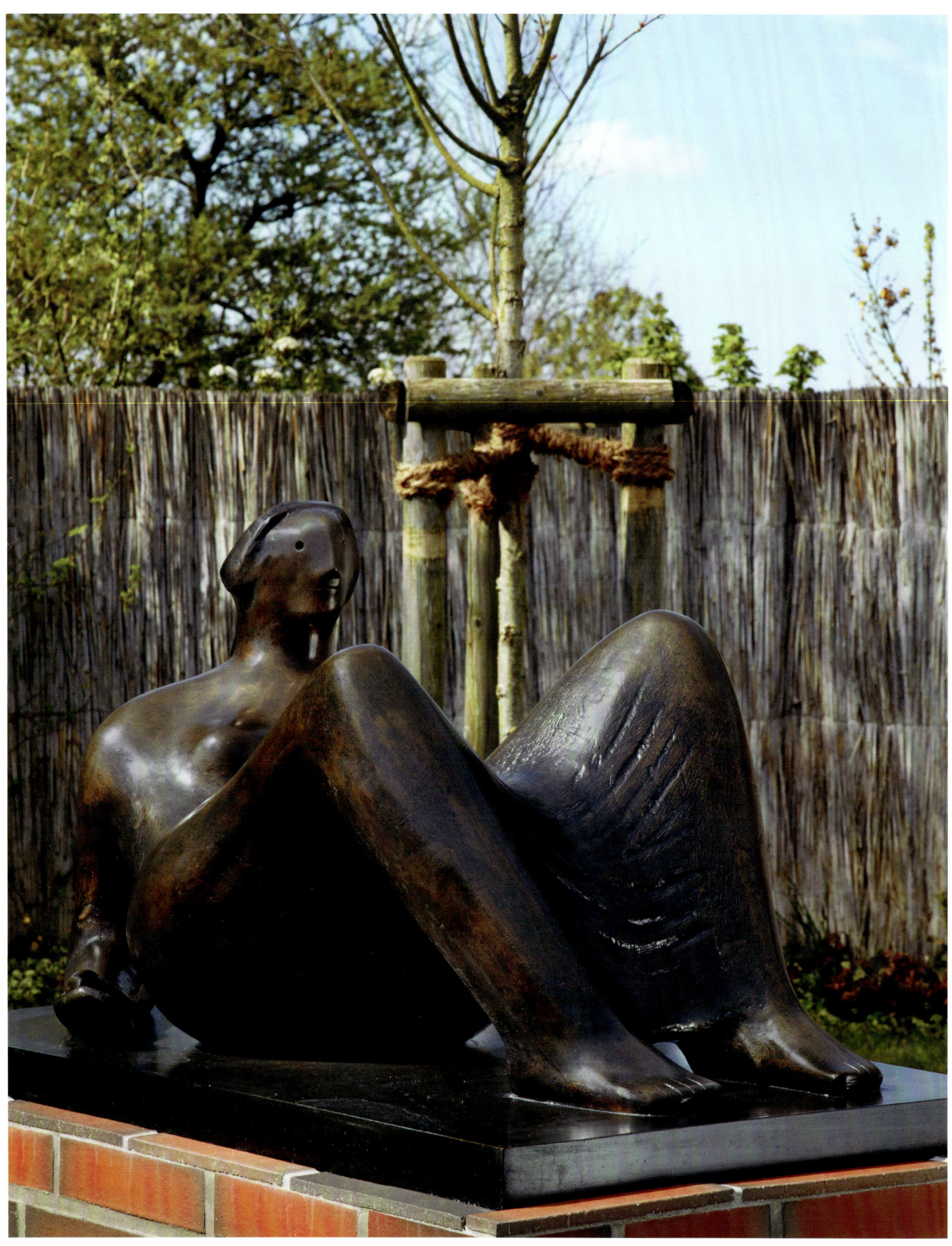

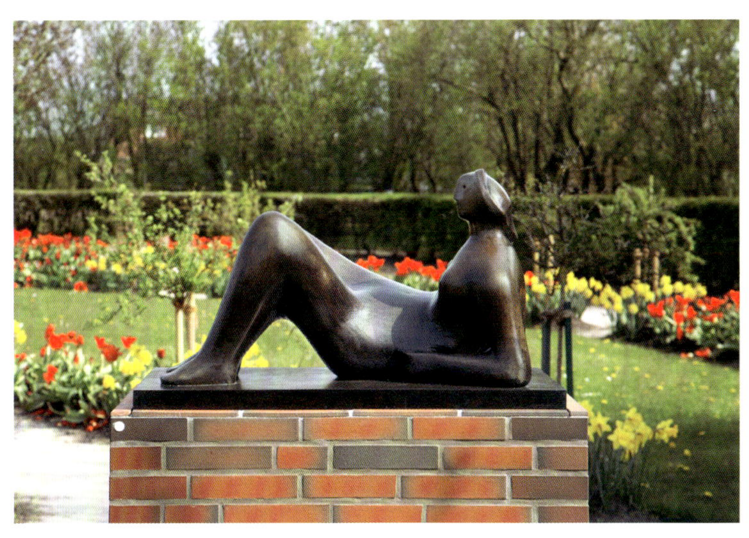

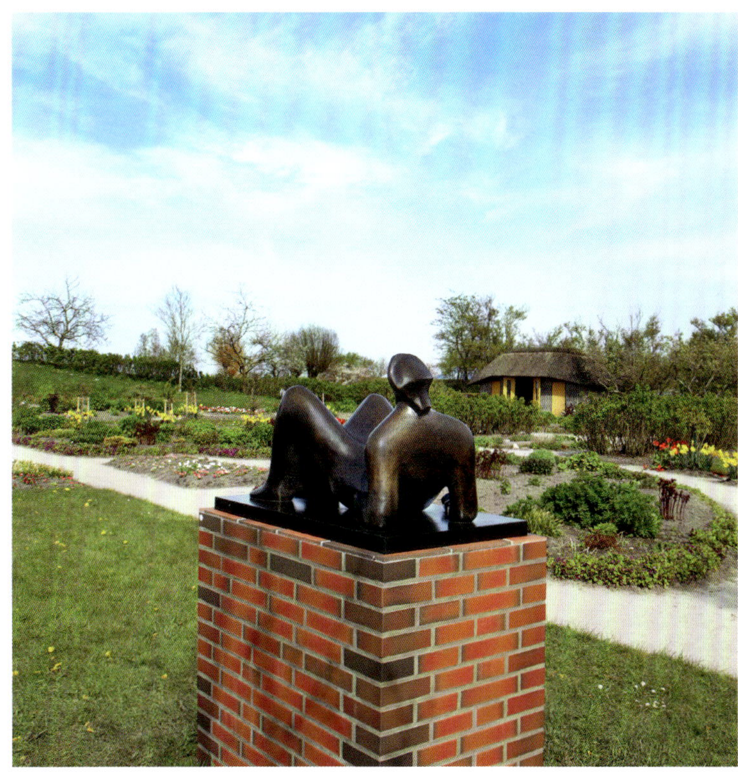

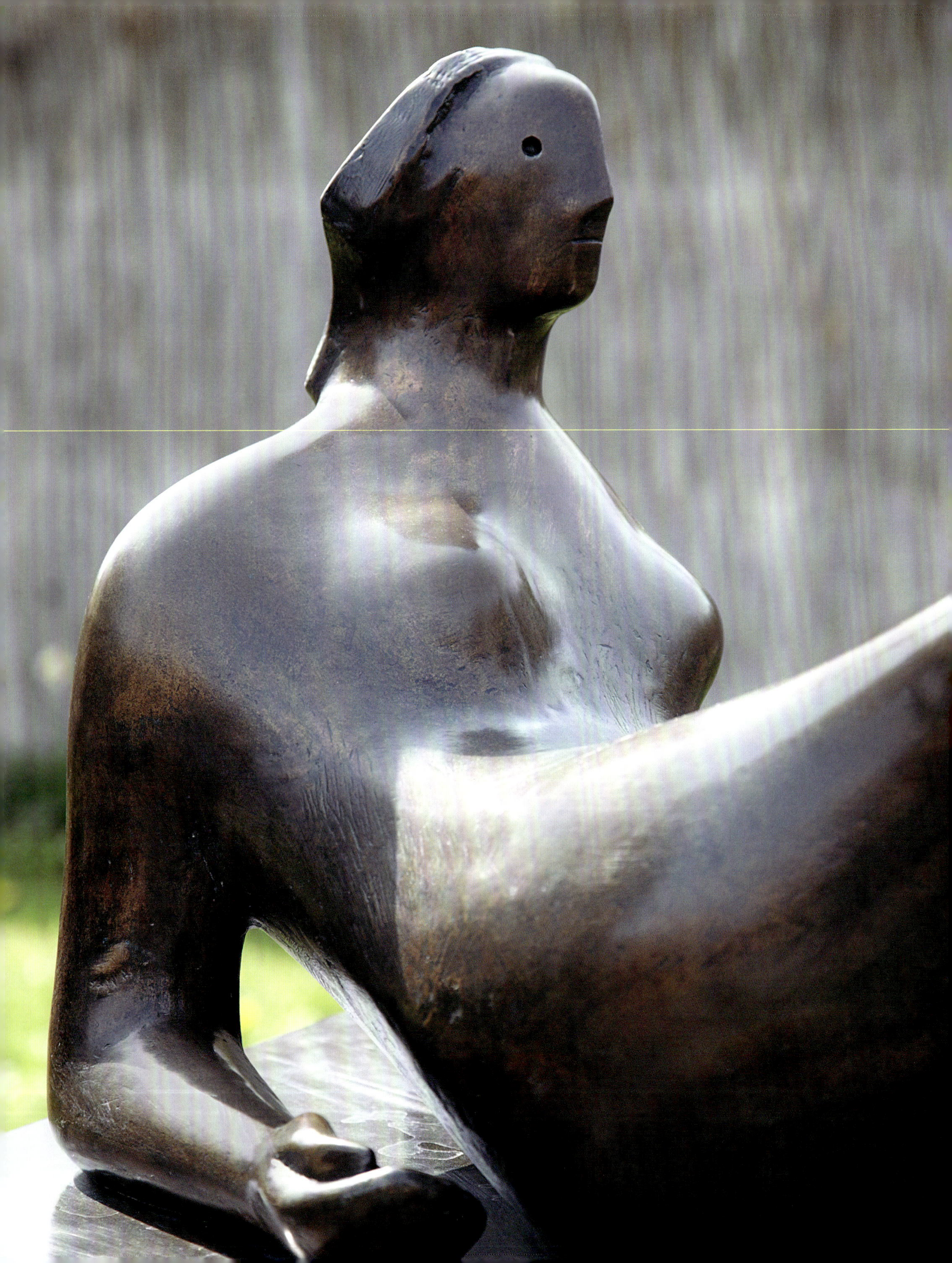

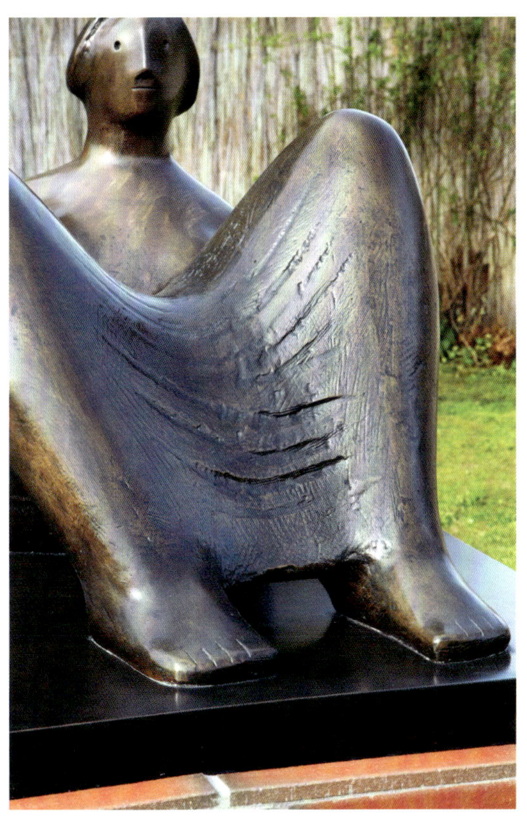

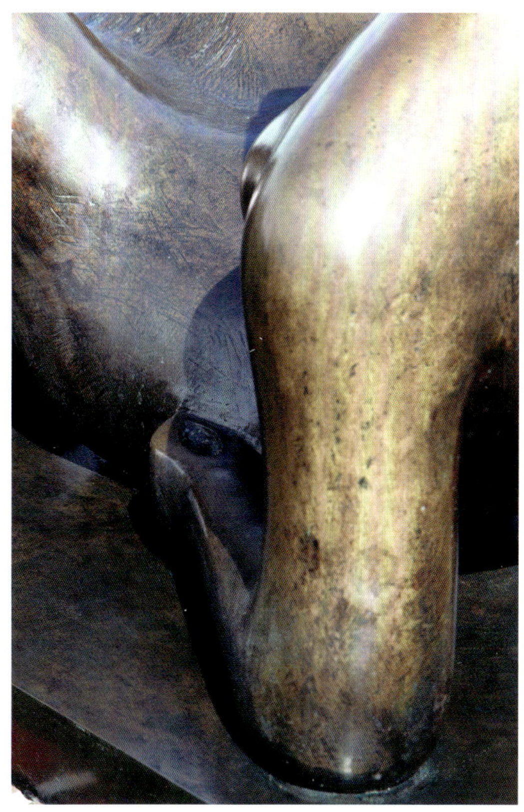

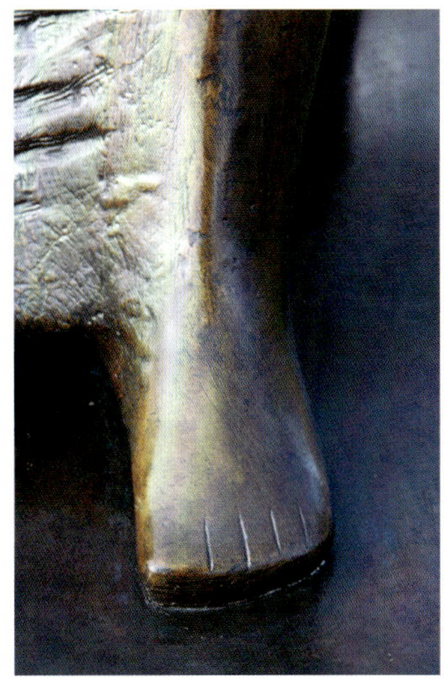

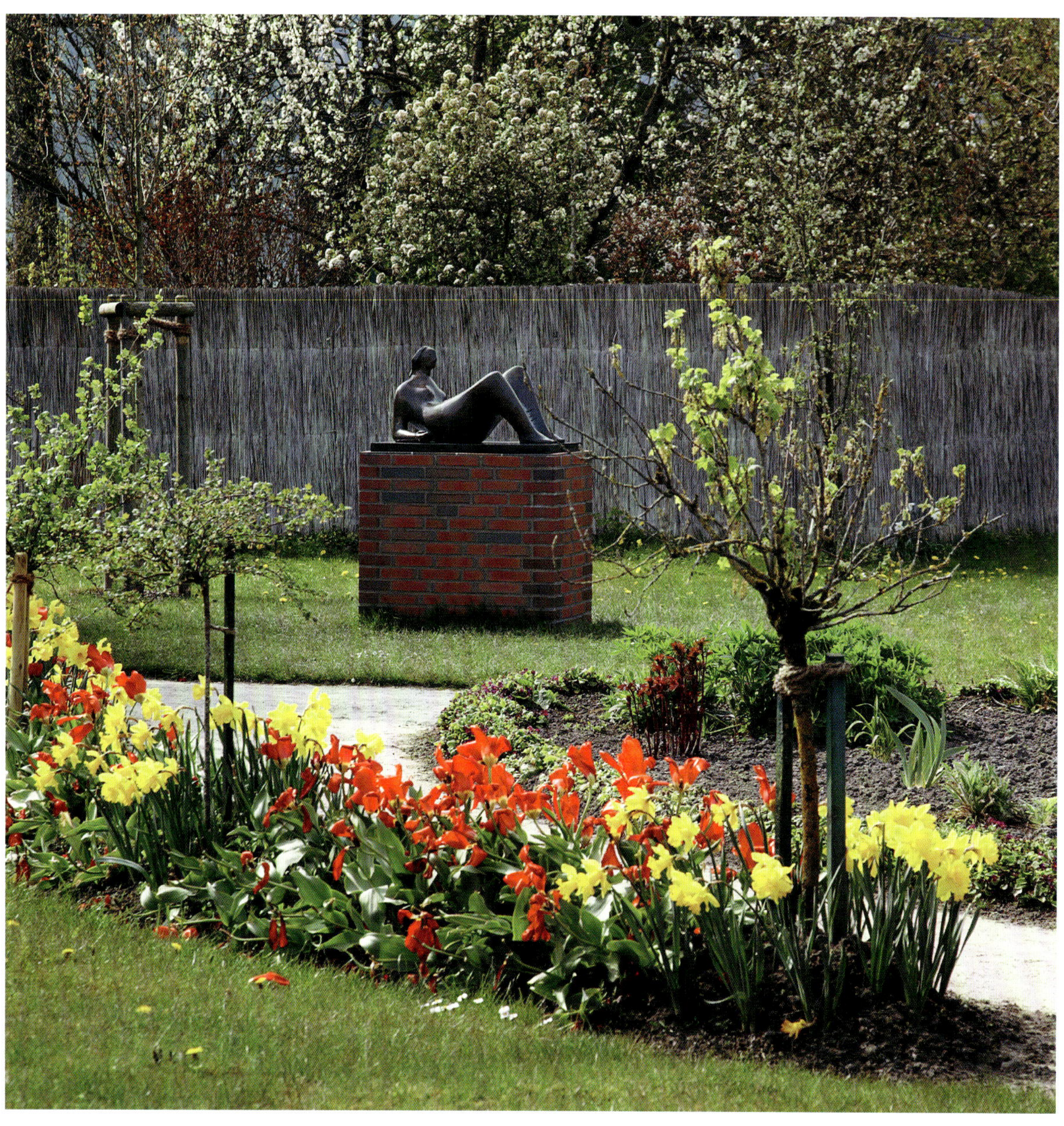

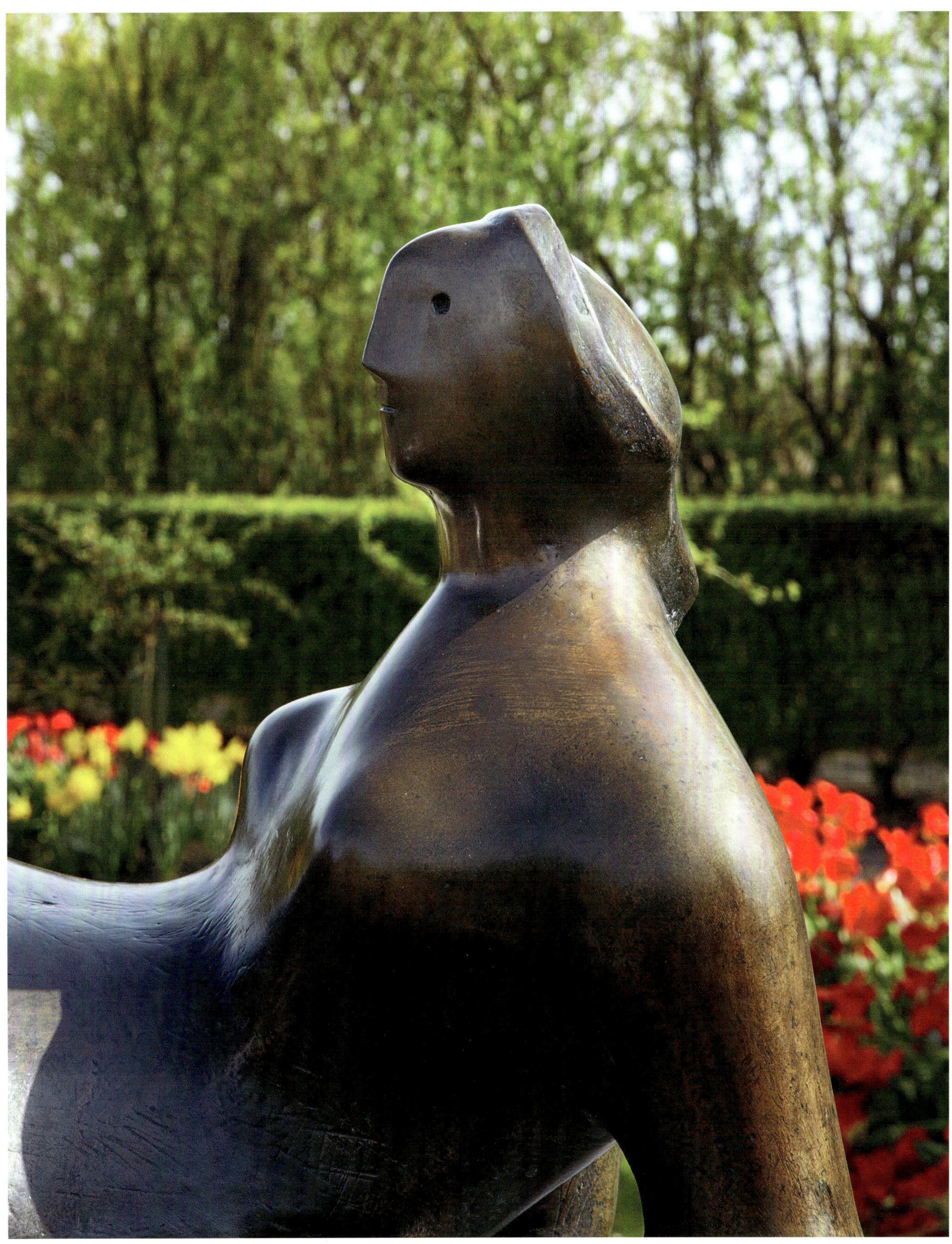

Henry Moore und Deutschland

Hans-Joachim Throl

Henry Moore gilt als einer der bedeutendsten Bildhauer des 20. Jahrhunderts. Diese hohe Wertschätzung findet auch darin ihren Ausdruck, dass seine Skulpturen in öffentlichen Sammlungen zahlreicher Länder der Welt vertreten sind. Seine Arbeiten befinden sich in Museen, öffentlichen Einrichtungen, auf Plätzen und in Parkanlagen in Städten auf allen Kontinenten. Gemessen am Bestand von Moore-Arbeiten in Museen und im öffentlichen Raum sowie der Zahl bisheriger Ausstellungen nimmt Deutschland neben dem Vereinigten Königreich als der Heimat des Künstlers und den Vereinigten Staaten von Amerika den dritten Rang ein.

Moore selbst erwähnte bei verschiedenen Gelegenheiten mit Dankbarkeit, dass der erste Ankauf eines seiner Werke außerhalb Englands 1931 durch ein deutsches Museum erfolgte. Überhaupt war dies der erste Museumsankauf für den seinerzeit noch weithin unbekannten Bildhauer. Käufer war Max Sauerlandt, Direktor des Museum für Kunst und Gewerbe in Hamburg. Sauerlandt war durch den Bildhauer Gustav Heinrich Wolff auf Moore aufmerksam gemacht worden und besuchte Moore im Frühjahr 1931 in London.[1] Wenig später erwarb Sauerlandt für sein Museum neben einigen Zeichnungen einen kleinen Steinkopf (**Abb. 1**). »Es macht mich sehr stolz zu wissen, dass mein Werk in Ihrem Museum präsentiert wird«,[2] dankte Moore daraufhin Sauerlandt in einem Schreiben vom 21. April 1931.

Fast zwanzig Jahre zuvor hatte Sauerlandt, ein unbeirrter Verfechter der künstlerischen Avantgarde in Deutschland, als Direktor des Städtischen Museums in Halle 1913 das Gemälde *Abendmahl* von Emil Nolde angekauft, eine damals heftig umstrittene Tat des jungen Museumsdirektors. Es war auch für den zu dieser Zeit noch nicht etablierten Maler der erste Erwerb durch ein Museum.[3]

Den Ruf Moores als Bildhauer von Weltgeltung begründeten insbesondere eine Retrospektive im Museum of Modern Art in New York 1946 und der große Preis für Skulptur 1948 auf der ersten Biennale in Venedig nach dem Zweiten Weltkrieg. Weitere Ehrungen und zahlreiche Ausstellungen in den 1950er- und 1960er-Jahren festigten ihn.

Die erste deutsche Einzelausstellung von Moore fand mit Unterstützung des British Council 1950 in der Hamburger Kunsthalle statt, die im gleichen Jahr auch in den Städtischen Kunstsammlungen Düsseldorf gezeigt wurde. Der englische Kunstkritiker Herbert Read, der den künstlerischen Werdegang von Moore durch zahlreiche Veröffentlichungen begleitete und förderte, sprach in seinem Katalogbeitrag die Grundidee der bildhauerischen Kompositionen von Henry Moore an: »Er besteht auf organischer Form, d. h. auf einer Form, die sich von der Beobachtung der Natur herleitet.« Doch, so Read weiter, »Moore ist sich darüber klar, daß alle Kunst bis zu einem gewissen Grade Abstraktion ist, insbesondere die Plastik, bei der schon das Material den Künstler von unmittelbarer Naturwiedergabe fortdrängt.«[4]

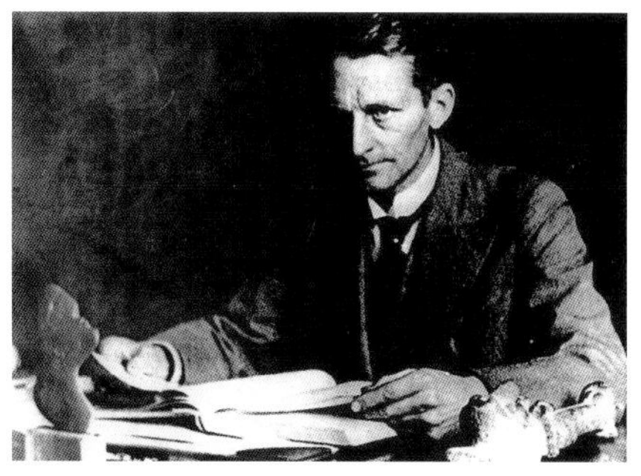

1 Die Skulptur *Head*, 1930, LH 88a, von Henry Moore auf dem Schreibtisch von Max Sauerlandt im Museum für Kunst und Gewerbe, Hamburg, nach Februar 1931

2 Henry Moore, *King and Queen*, 1952–53, LH 350, in der Skulpturenhalle des Museum Fridericianum, documenta I, 1955

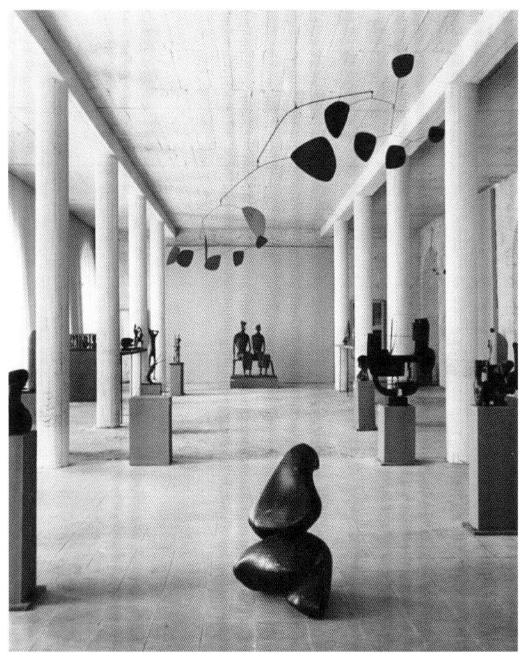

Die erste documenta in Kassel (1955) zeigte zehn Skulpturen von Moore, darunter *King and Queen* als prominenten Blickfang in der großen, den Bildhauerwerken gewidmeten Halle (**Abb. 2**). Die Teilnahme an der documenta II (1959) und der documenta III (1964) – jeweils mit Skulpturen – folgte, während auf der documenta 6 (1977) vierzig Zeichnungen ausgestellt wurden.

Eine erste umfassende Publikation über Moore in deutscher Sprache legte Will Grohmann 1960 vor. Sein damaliges Resümee, fast vierzig Jahre nach Moores ersten Arbeiten: »Das Muster, das seiner Arbeit zugrunde liegt, die alles durchwirkende formprägende Kraft, ist dieselbe geblieben, jede seiner Skulpturen und Plastiken ist ein Moore, und gegen Einflüsse jedweder Art war er gefeit durch seine ursprüngliche Bindung an die Natur und die Zeit.«[5] Im Jahr darauf stellte Moore in der Akademie der Künste in Berlin aus, nachdem er außerordentliches Mitglied geworden war. In den 1960er- und 1970er-Jahren folgten zahlreiche Ankäufe von Werken Moores durch deutsche Museen und Kulturbehörden.

Der Bildhauer erhielt in Würdigung seines herausragenden Schaffens 1975 den erstmals vergebenen Kaiserring der Stadt Goslar. In der Verleihungsurkunde heißt es: »Henry Moore hat das Gesicht der Kunst des 20. Jahrhunderts entscheidend geprägt. Die Kunst in Deutschland hat seinem Werk wesentliche Impulse zu verdanken.«[6] Für das wichtige Werk *Goslar Warrior* wählte Moore selbst den friedlichen Platz im Park hinter der Kaiserpfalz aus (**Abb. 3**).

Der breiten deutschen Öffentlichkeit wurde Moore 1979 bekannt, als auf Initiative des damaligen Bundeskanzlers Helmut Schmidt die gewaltige Bronzeplastik *Large Two Forms* vor dem Bundeskanzleramt in Bonn aufgestellt wurde (**Abb. 4**). Helmut Schmidt anlässlich der Übergabe: »Für mich ist dieses Kunstwerk auf dem neuen Grün des Vorplatzes ein Zeichen für Leben, ein Symbol für menschliche Verbundenheit, auch ein *Ausdruck für Menschlichkeit*. Und diese Wirkung teilt sich – so meine ich – dem ganzen Platz mit.«[7] Ein starkes Medienecho begleitete dieses Ereignis und über die Jahrzehnte hinweg war die Fernsehpräsenz der Arbeit beachtlich. In zahllosen Nachrichtensendungen wurde sie immer wieder – fast zwangsläufig – in das Blickfeld gerückt, wenn aus der damaligen Bundeshauptstadt Bonn berichtet wurde. Fortan zählte die Skulptur zu den bekanntesten Kunstwerken in Deutschland.

Ende 1998 setzte sich Helmut Schmidt gegenüber dem damaligen Kanzler Gerhard Schröder angesichts des Regierungsumzugs von Bonn nach Berlin dafür ein, dass *Large Two Forms* mitzieht und im Berliner Regierungsviertel einen würdigen Platz, möglichst am neuen Kanzleramt, erhält. Denn die Skulptur sei inzwischen ein Symbol für die zentrale Regierungsgewalt in Deutschland geworden, ein besseres als der Hoheitsadler preußischer

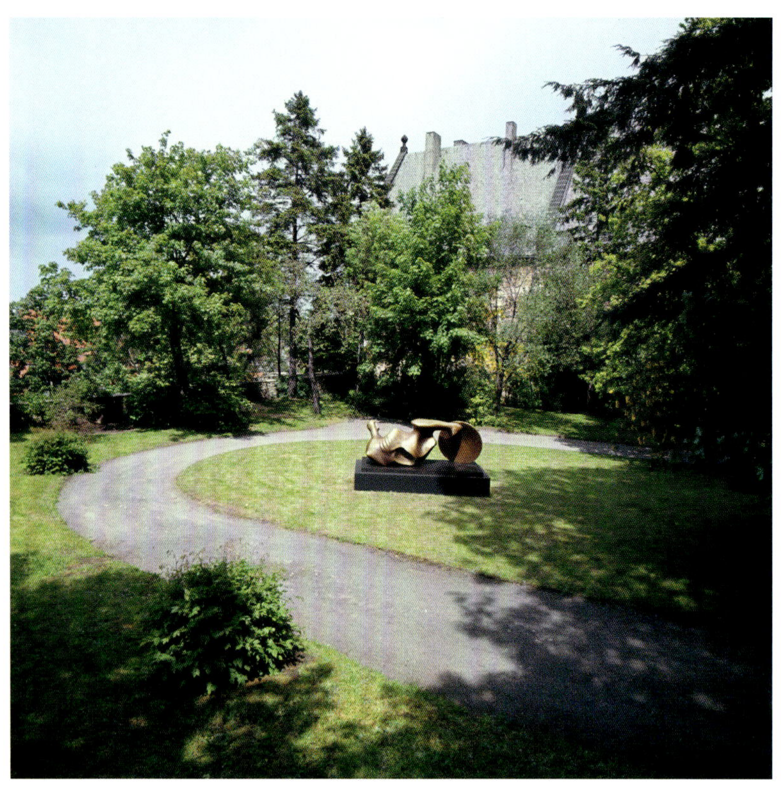

3 Henry Moore, *Goslar Warrior*, 1973–74,
Bronze, 300 cm, LH 641,
Guss 1 von 7, Stadt Goslar

5 Henry Moore,
Large Divided Oval: Butterfly,
1985–86, Bronze, 800 cm,
LH 571b, Guss a,
Stadt Berlin

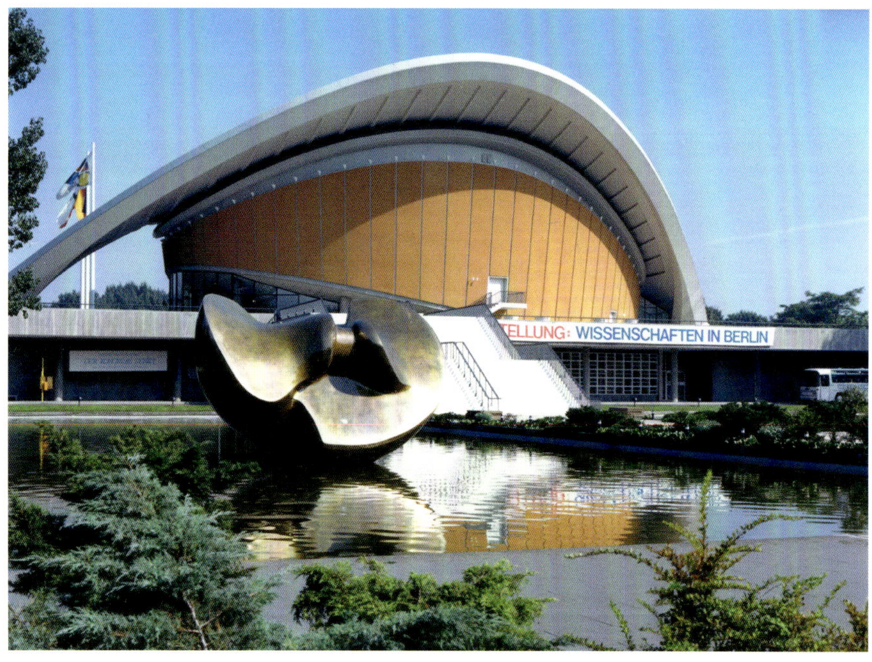

4 Henry Moore und Bundeskanzler Helmut Schmidt bei der Einweihung von *Large Two Forms* von 1969, LH 556, vor dem Bundeskanzleramt in Bonn, 1979

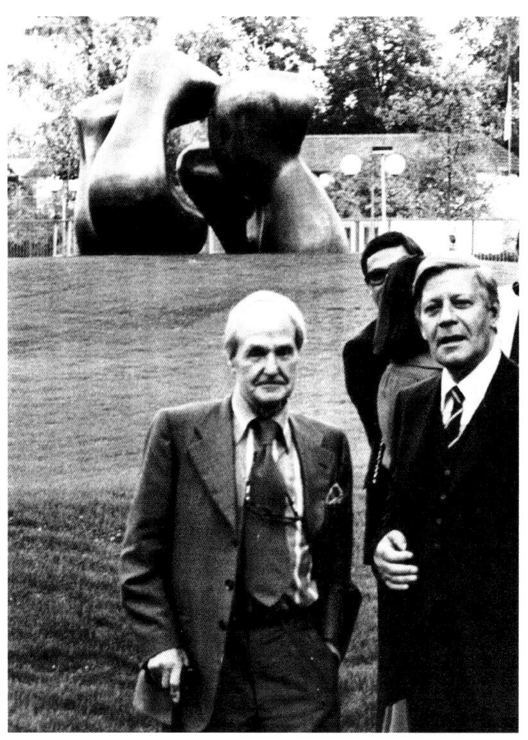

und Reichs-Tradition, auch habe Schmidt sie als ein Symbol für die beiden Teile Deutschlands im Prozess des Zusammenwachsens gesehen.[8] Indessen blieb die monumentale Plastik an ihrem angestammten, von Moore selbst ausgesuchten und gestalteten Platz vor dem (ehemaligen) Kanzleramt in Bonn, für den er genau diese Arbeit gewählt hatte. Die einzigartige Aura des Werkes ist dort weiterhin spürbar.

Schmidt schätzte Moores Werk außerordentlich. Zeitlebens fühlte er sich ebenfalls der Kunst von Emil Nolde verbunden. Letzteres formulierte Schmidt noch kurz vor seinem Tod 2015 in einem Geleitwort zur Ausstellung *Nolde in Hamburg* in der Hamburger Kunsthalle: »In den frühen 1930er-Jahren begann meine persönliche Geschichte mit Emil Nolde, d.h. es begann meine große Neigung. Sehr viel später habe ich als Regierungschef das offizielle Amtszimmer des Bundeskanzlers als Nolde-Zimmer ausgestattet und es auch von außen so bezeichnet.«[9] Schmidt besuchte Noldes Wohn- und Atelierhaus immer gern. Es hätte ihm sicher gefallen, in Seebüll neben Emil Nolde auch Skulpturen von Henry Moore im historischen Nolde-Garten zu erleben.

Zur besonderen Beziehung von Moore zu Deutschland gehört, dass nahezu über drei Jahrzehnte hinweg, beginnend mit dem Jahr 1958, die Bronzegießerei Noack in Berlin-Friedenau insgesamt 128 Modelle von Moore gegossen hat. Da bis zu 10 Exemplare gegossen wurden, haben rund 1000 Moore-Plastiken in dieser Zeit den Betrieb verlassen;[10] *Large Two Forms* zählte dazu wie auch das erst im Todesjahr Moores 1986 fertiggestellte acht Meter breite Werk *Large Divided Oval: Butterfly*,[11] ein Einzelstück, das 1987 vor der Kongresshalle Berlin (seit 1989 Haus der Kulturen der Welt) aufgestellt wurde (**Abb. 5**). Als »Versöhnung zwischen Natur, Kunst und Architektur« bezeichnet, fügt sich die Arbeit mit ihrer Spiegelung in dem sie umgebenden Wasserbecken in die Schwünge der Architektur (und deren Spiegelung) ein.[12] Es enststand gleichsam ein Gesamtkunstwerk mit einer unnachahmlichen Ausstrahlung.

Zu Recht wurde darauf hingewiesen, dass Moore zwischen 1950 und 1980 die sichtbarste und wirksamste Künstlerpersönlichkeit in Deutschland gewesen ist und hier im Bereich der Plastik die offiziell anerkannte Moderne vertreten hat.[13] Auch heute ist Moore mit Außenplastiken in vielen deutschen Städten so gegenwärtig wie kein anderer Bildhauer. Um die zwanzig Werke sind derzeit frei zugänglich im öffentlichen Raum über ganz Deutschland verteilt anzutreffen (**Abb. 6**).[14] Darüber hinaus befindet sich eine größere Anzahl seiner Werke in Sammlungen deutscher Museen. Dabei ist die Vielfalt der Werke Moores erstaunlich groß. Auch die drei Hauptthemen, mit denen sich Moore immer wieder in seinem langen künstlerischen Leben beschäftigte,

Mutter und Kind, davon in gewisser Weise abgeleitet Innere und äußere Form und vor allem die Liegende sind hier variantenreich vertreten.

Die starke Präsenz von Moore in Deutschland zeigt sich auch darin, dass von den weltweit 760 Moore-Ausstellungen bis 2007 in Deutschland allein 80 stattgefunden haben.[15] Auch in der DDR gab es 1984 eine Folge von vier Ausstellungen in (Ost-) Berlin, Leipzig, Halle und Dresden. Gezeigt wurden *Shelter Drawings*, die 1940–41 während der Bombenangriffe auf London in Untergrundbahn-Stationen, die als Luftschutzraum dienten, entstanden waren, sowie *Coal Mining Drawings* von 1942, Zeichnungen von Arbeitern in einem Kohlebergwerk seiner Heimatstadt Castleford in Yorkshire.

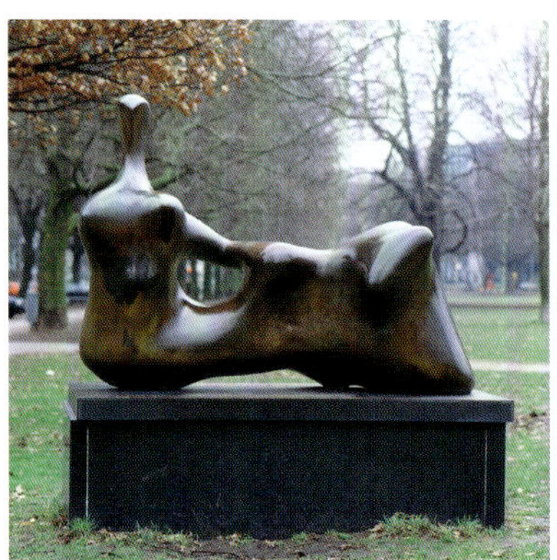

6 Henry Moore, *Reclining Figure: Hand*, 1979, Bronze, 221 cm, LH 709, Guss 2 von 9, Stadt Hamburg

Besonders spektakulär geriet die Ausstellung *Henry Moore – Animals* im Bremer Gerhard Marcks-Haus 1997–98. Gegenüber dem Museum wurde auf einer Wiese eine kleine Schafweide angelegt und dort zentral die fast sechs Meter hohe Arbeit *Sheep Piece* aufgestellt, nicht ganz vergleichbar mit dem angestammten Platz des Werkes an der früheren Wohn- und Arbeitsstätte von Moore in Perry Green, der von einer großen Schafweide umgeben ist (**Abb. 7**), aber doch ein sehr gelungener Versuch, die Museumsausstellung mit dem öffentlichen Raum zu verbinden.

Bedeutende Ausstellungen gab es unter vielen weiteren 1971 in München (*Henry Moore 1961–1971*), 1974 in Duisburg (*Henry Moore. Das graphische Werk 1931–1973*), 1992 in Köln (*Henry Moore. Mutter und Kind*), 1994 in Pforzheim und Bad Homburg (*Henry Moore. Ethos und Form*), 1996–97 in Mannheim (*Henry Moore. Ursprung und Vollendung*), 1999 in Recklinghausen (*Henry Moore. Kunstausstellung der Ruhrfestspiele*), 2004 in Wolfsburg (*Henry Moore. Menschliche Landschaften*), 2005 in Schwäbisch-Hall (*Henry Moore. Epoche und Echo*), 2007–08 in Berlin und Rüsselsheim (*Henry Moore und die Landschaft*). Und es finden weiterhin wichtige Henry-Moore-Ausstellungen in Deutschland statt, wie kürzlich im Winterhalbjahr 2016–17 in Münster (*Henry Moore. Impuls für Europa*). Dank seiner überragenden Gestaltungskraft werden die zeitlos modern erscheinenden Skulpturen von Henry Moore sicher auch kommende Generationen begeistern. Sein künstlerisches Vermächtnis bleibt lebendig.

1 Max Sauerlandt, *Ethos des Kunsturteils. Korrespondenz 1908–1933*, hrsg. von Heinz Spielmann, Hamburg 2013, S. 283, S. 296.

2 Henry Moore, zit. nach Roger Berthoud, *The Life of Henry Moore*, 2. Aufl. London 2003, S. 120; es handelte sich um das kleine Werk *Head*, 1930, Unikat aus Hämatit, LH 88a. LH als Abkürzung für Lund Humphries, den Verlag des Werkverzeichnisses: David Sylvester und Alan Bowness (Hrsg.), *Henry Moore. Complete Sculpture*, 6 Bde., London 1944–1994. Vgl. auch den Beitrag von Astrid Becker im vorliegenden Katalog, S. 36–55, hier Anm. 9.

3 Vgl. *Emil Nolde. Farben heiß und heilig*, hrsg. vom Vorstand der Stiftung Dome und Schlösser in Sachsen-Anhalt im Auftrag der Stiftung Moritzburg – Kunstmuseum des Landes Sachsen-Anhalt,

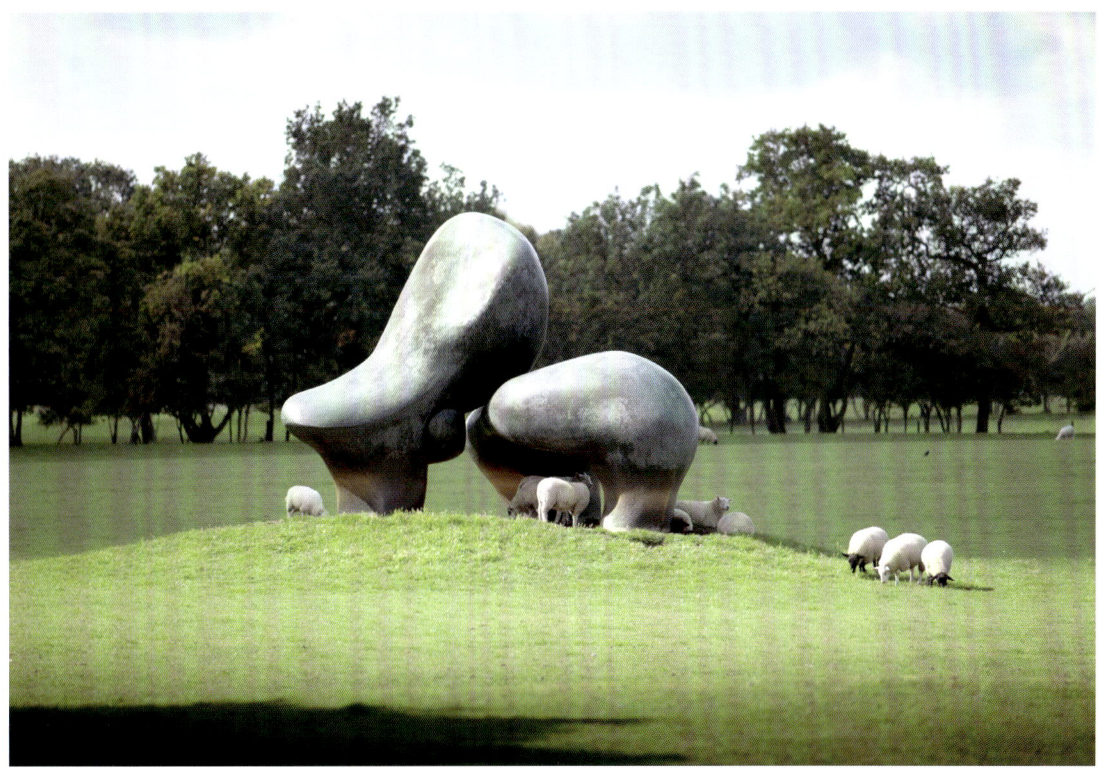

7 Henry Moore, *Sheep Piece*, 1971–72, Bronze, 570 cm, LH 627, Guss 0 von 3, The Henry Moore Foundation

Ausst.-Kat. Stiftung Moritzburg – Kunstmuseum des Landes Sachsen-Anhalt, Halle 2013.

4 Herbert Read, Einleitung, in: *Henry Moore. Ausstellung von Skulpturen und Zeichnungen*, hrsg. vom British Council, Ausst.-Kat. Hamburger Kunsthalle und Städtische Kunstsammlungen Düsseldorf, London 1950, S. 2.

5 Will Grohmann, *Henry Moore*, Berlin 1960, S. 230.

6 *Kaiserring der Stadt Goslar – Portrait der Premiere. Fotografische Notizen*, 2. Aufl. Goslar 1975, S. 5.

7 Helmut Schmidt, »Rede zur Übergabe der Plastik *Large Two Forms* durch Henry Moore am 19.9.1979 (Auszug)«, in: *Kunst im Kanzleramt. Helmut Schmidt und die Künste*, hrsg. von Peter Sturm, Ausst.-Kat. Bundeskanzleramt Bonn, München 1982, S. 88–89, hier S. 88.

8 Vgl. Anonym, »Schmidt: Moores Kunstwerk soll nach Berlin«, *Hamburger Abendblatt*, 13.–14.3.1999.

9 Helmut Schmidt, »Geleitwort«, in: *Nolde in Hamburg*, hrsg. von Karin Schick, Christian Ring und Hubertus Gaßner, Ausst.-Kat. Hamburger Kunsthalle, München 2015, S. 7–9, hier S. 7.

10 Vgl. Paul O. Schulz und Ulrich Baatz, *Bronzegießerei Noack. Kunst und Handwerk*, Ravensburg 1993, S. 124.

11 Ebd., S. 137.

12 Christa Lichtenstern, »Die menschgewordene Form. Modernität im Geiste Goethes und der Naturromantik. Zum hundertsten Geburtstag des Bildhauers Henry Moore«, in: *Frankfurter Allgemeine Zeitung*, 30.7.1998.

13 Vgl. Wolfgang Georg Fischer, »Henry Moore und Deutschland«, in: *Jahresring. Jahrbuch für Kunst und Literatur*, 87–88, Stuttgart 1987, S. 233–253, hier S. 245.

14 Vgl. Hans-Joachim Throl, *Henry Moore unter freiem Himmel in Deutschland. Skulpturen des englischen Bildhauers im öffentlichen Raum*, hrsg. von der Städtischen Galerie Wolfsburg 1998. Dort waren 23 Skulpturen in 18 Städten aufgelistet, von denen einige wenige derzeit nicht ausgestellt sind.

15 Vgl. Christa Lichtenstern, *Henry Moore. Werk. Theorie. Wirkung*, München/Berlin 2008, S. 287. Diese Monographie gilt als deutsches Standardwerk zu Moore.

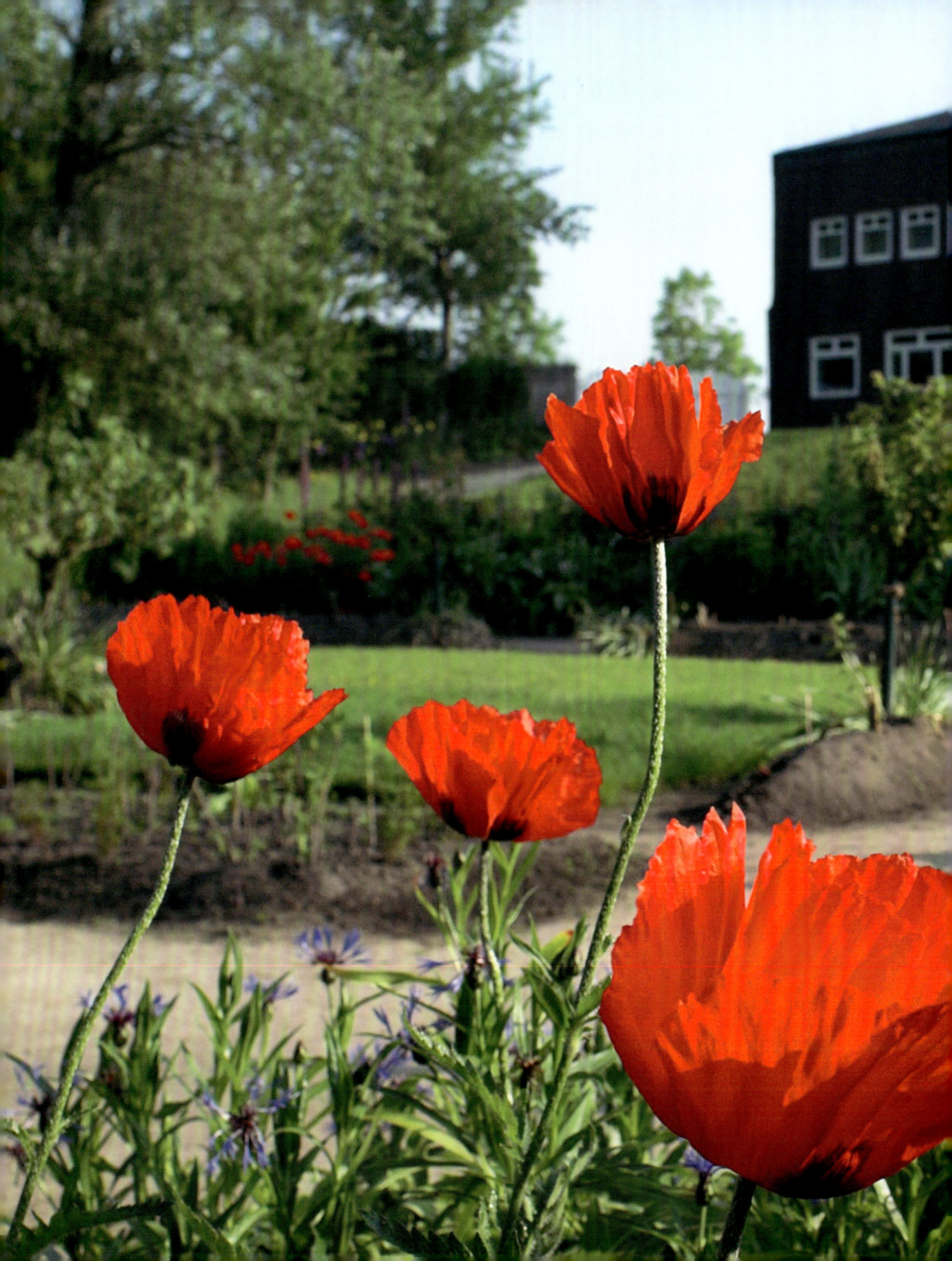

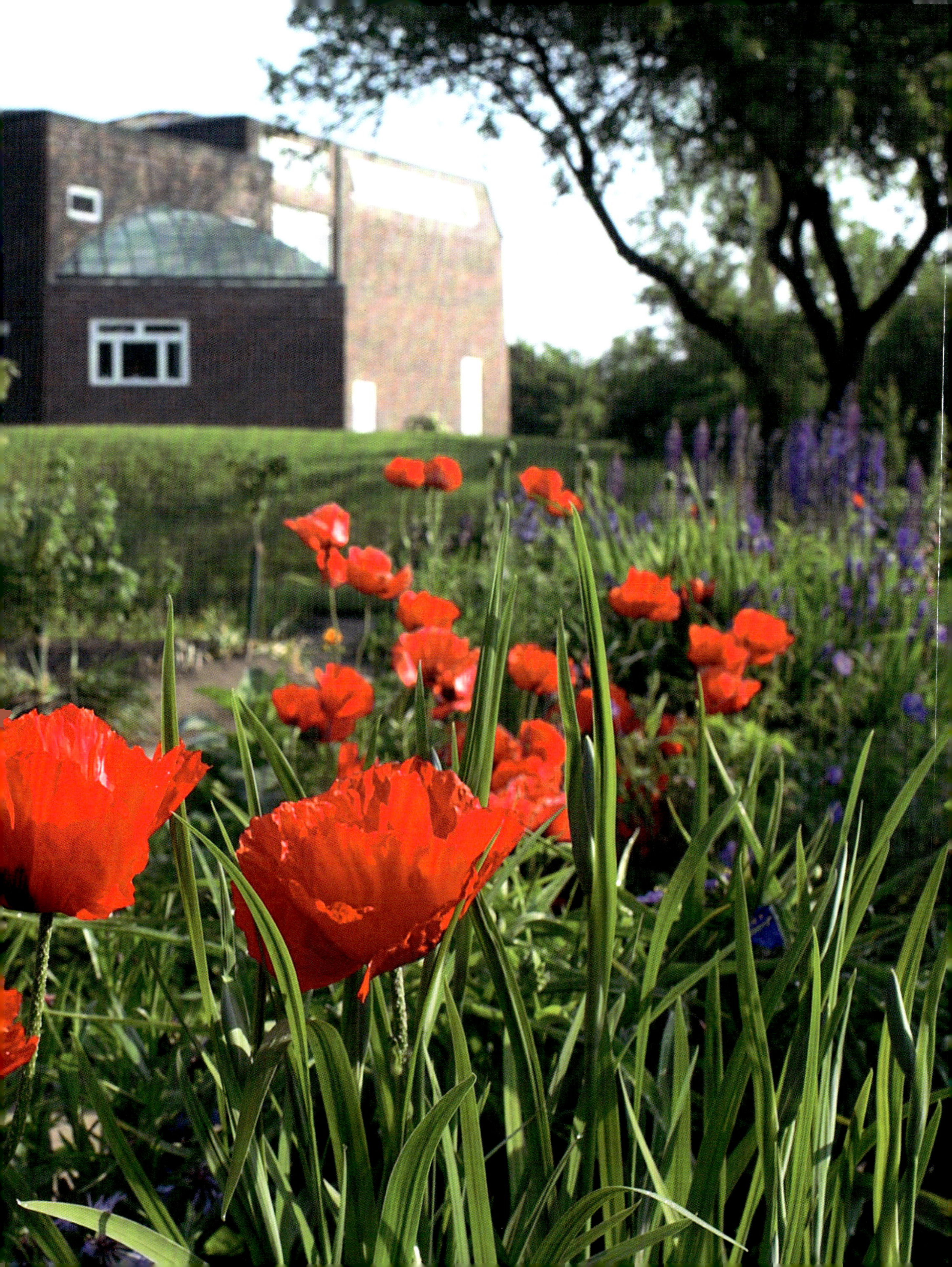

Henry Moore

Biographie

1898
Henry Spencer Moore wird am 30. Juli 1898 in Castleford, Yorkshire, England, als siebtes Kind des Bergmanns Raymond Spencer Moore und seiner Frau Mary geboren.

1902–1916
Bis 1910 besucht Moore die Volksschule in Castleford. Nachdem ihn Michelangelo in der Sonntagsschule tief beeindruckt, beschließt er 1909 Bildhauer zu werden. 1910 wechselt er mit einem Stipendium in die Sekundärschule und später aufs Gymnasium. Dort fördert die engagierte Kunstlehrerin Alice Gostic den jungen Moore und führt ihn an die neuesten europäischen Kunstströmungen heran. 1912 beginnt für Moore während der Vorbereitung zu seiner Konfirmation eine kurze, aber starke religiöse Phase. Sie währt bis zum Kriegseintritt 1917.

1917
Im Februar 1917 tritt er in das 15. Londoner Regiment ein und erleidet am 30. November während der Schlacht bei Cambrai, Frankreich, eine Gasvergiftung. Er schreibt sein einziges Theaterstück *Narayana and Bhataryan*, das 1920 von einer Laiengruppe der Castleford Grammar School aufgeführt wird.

1919–1923
Moore beginnt im September 1919 sein Studium der Bildhauerei an der Leeds School of Art. 1920 erarbeitet er sich in der Bibliothek im Selbststudium die Weltgeschichte der Skulptur und Architektur. Im Herbst 1921 geht er mit einem Stipendium an das Royal College of Art in London, wo er bis 1924 Bildhauerei studiert. Die ersten erhaltenen Skulpturen Moores entstehen 1921. Nach seinem ersten Aufenthalt 1922 in Paris reist er jährlich dorthin.

1924–1925
1924 erste Gruppenausstellung in der Redfern Gallery in London. Ein Stipendium des Royal College of Art ermöglicht es Moore 1925 fünf Monate in Italien zu verbringen. Nach seiner Rückkehr tritt Moore eine Assistentenstelle bei Professor Ernest Cole am Royal College of Art an.

1928
Moores erste Einzelausstellung findet in der Redfern Gallery in London statt, und er erhält durch die Vermittlung von Jacob Epstein seinen ersten großen öffentlichen Auftrag. Moore lernt seine zukünftige Ehefrau, die Kunststudentin Irina Radetsky, kennen.

1929–1930
Moore und Irina Radetsky heiraten im Juli 1929 und ziehen nach Hampstead, wo sie Freundschaft u. a. mit den Künstlern Barbara Hepworth, John Skeaping, Ben Nicholson, Graham Sutherland und John Piper schließen. Beginn der Freundschaft mit Herbert Read, der über Sir Eric Maclagan, Direktor des Victoria & Albert Museum, die Bekanntschaft mit dem fast gleichaltrigen Moore macht. 1930 stellt Moore mit der Young Painter's Society und der London Group im Britischen Pavillon der Biennale von Venedig aus.

1931
Der deutsche Bildhauer Gustav Heinrich Wolff besucht Moore auf seiner England-Reise im Januar 1931 auf

Henry Moore arbeitet in seiner Werkstatt in Perry Green an der Skulptur *Liegende* von 1959–1964, 10. April 1964

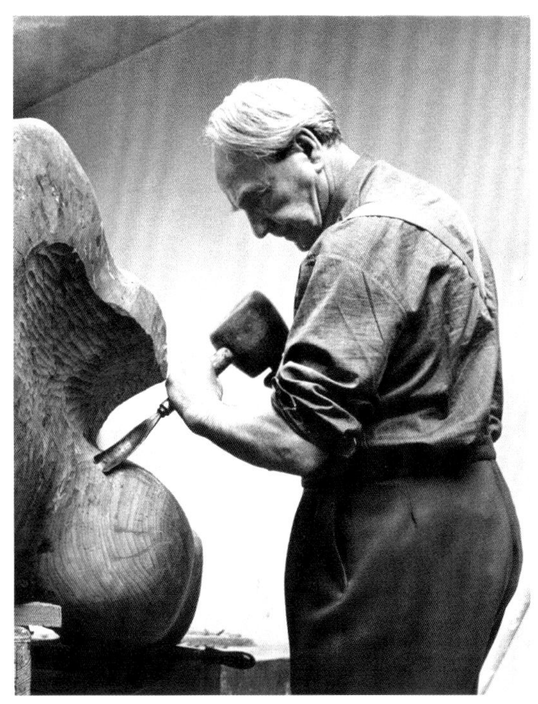

Anregung von Read. Max Sauerlandt, der von Wolff und seinem Freund und Kollegen Read auf Moore aufmerksam gemacht worden ist, besucht den britischen Bildhauer Ende Februar 1931 in seinem Atelier. Er erwirbt im April 1931 aus Moores zweiter Einzelausstellung in den Londoner Leicester Galleries einen kleinen steinernen Profilkopf und sieben Papierarbeiten für das Museum für Kunst und Gewerbe in Hamburg. Es ist der erste Museumsankauf für Moore. Die Erwerbungen werden 1937 durch die Nationalsozialisten konfisziert und gelten mit Ausnahme der *34 Aquarellskizzen für ein Steinbildwerk auf einem beiderseits bemalten Blatt*, das sich heute in der Sammlung von Cornelius Gurlitt befindet, als verschollen. Moore wechselt an die Chelsea Art School in London, wo er eine Bildhauer-Abteilung aufbaut. Das Ehepaar Moore erwirbt das Jasmine Cottage in Barfreston, einem kleinen Dorf nahe Canterbury in Kent.

1932

Moore ist in der von Sauerlandt initiierten und im Juni 1932 eröffneten Ausstellung *Neue Englische Kunst* im Hamburger Kunstverein unter Hildebrand Gurlitt vertreten. Sauerlandt berichtet am 26. Juni 1932 in einem Brief an Emil Nolde über die Vernissage und über die Teilnahme Moores (siehe S. 56–57).

1933–1934

1933 wird Moore Mitglied der von Paul Nash gegründeten Gruppe Unit One. 1934 erscheint die erste Monographie von Read. Im Spätsommer reist das Ehepaar Moore mit Freunden nach Spanien. Im Herbst nimmt Moore an einer von der marxistisch orientierten Artist's International-Vereinigung (später Artist's International Association) organisierten Gruppenausstellung *The Social Scene* teil.

1935

Im November 1935 unterschreibt Moore den öffentlichen Aufruf »Declaration to Spain« der Surrealist Group of England an die britische Regierung, mit der Aufforderung, die Politik der Nichteinmischung gegenüber dem republikanischen Spanien aufzugeben.

1937–1938

Im Mai 1937 besucht das Ehepaar Moore gemeinsam mit André Breton, Paul Éluard, Max Ernst und Alberto Giacometti spontan Pablo Picasso. Sie sehen das im Entstehen begriffene Gemälde *Guernica*. 1938 engagiert sich Moore als Mitglied des Artist's Refugee Committee für die Eingliederung von nach England aus Nazideutschland geflüchteten Künstlern.

1940–1941

Im Sommer 1940 übernimmt Moore das Studio von Barbara Hepworth und Ben Nicholson in Hampstead.

Am 11. September erlebt das Ehepaar Moore einen nächtlichen Bombenangriff der Deutschen auf die Untergrundbahn-Station Belsize-Park mit anschließender Ausgangssperre. Mit ihnen suchen viele Menschen Schutz auf dem Bahnsteig. Fortan findet der Bildhauer dort ein Thema, das er unauffällig in winzigen Zeichnungsnotaten festhält, um sie später im Atelier in den *Shelter Drawings* aus dem Gedächtnis auszuarbeiten. Nach einem Bombenangriff, der auch das Studio trifft, zieht das Ehepaar Moore im Oktober in das Landhaus Hoglands nach Perry Green bei Much Hadham, Hertfordshire. Im Herbst endet die Lehrtätigkeit an der Chelsea School of Art in London. 1941 zeichnet die Universität in Leeds Moore mit der Ehrendoktorwürde aus.

1943

Der aus Deutschland emigrierte Curt Valentin richtet Moore mit der Präsentation seiner Werke in der Buchholz Gallery in New York die erste Einzelausstellung im Ausland aus.

1946

Geburt der Tochter Mary. Internationale Wertschätzung erzielt Moore durch die Retrospektive im Museum of Modern Art in New York.

1948–1949

1948 Einzelausstellung im Britischen Pavillon der 24. Biennale in Venedig, wo Moore den renommierten Internationalen Preis für Skulptur entgegennimmt. Nach Kriegsende beteiligt sich Moore am sozialen Wiederaufbau seines Landes. Neben dem ehrenamtlichen Engagement in mehreren Museen und Kulturinstitutionen übernimmt er Aufträge für Schulen und Kirchen und entwirft Textilien. 1949 startet der British Council eine Wanderausstellung mit Werken Moores, die bis 1951 durch Brüssel, Paris, Amsterdam, Hamburg, Düsseldorf, Bern und Athen zieht und Moore in ganz Europa bekannt macht.

1951–1959

Anlässlich seiner Athener Ausstellung reist Moore 1951 nach Griechenland. Im Oktober 1954 fährt er nach Italien und besichtigt Neapel und Pompeji. 1955 ist Moore auf der documenta I vertreten. Im Frühjahr 1958 besucht Moore Auschwitz, wo er in einer Jury über ein Denkmal für die ermordeten Juden zu entscheiden hat. Beginn der erfolgreichen Zusammenarbeit mit der traditionsreichen Bronzegießerei Hermann Noack in Berlin-Friedenau. Moore nimmt 1959 an der documenta II in Kassel teil. Wanderausstellungen durch Polen, Japan, Spanien und Portugal.

1960–1968

Eine vom British Council organisierte Wanderausstellung mit Stationen in Hamburg, Essen, Zürich, München, Rom, Paris, Amsterdam, Berlin, Wien und Louisiana festigt Moores Ruhm in Europa. 1961 wird er Mitglied der Berliner Akademie der Künste. Teilnahme 1964 an der documenta III. 1966 erscheint die von Philipp James zusammengestellte Textsammlung *Henry Moore*, die 1972 in deutscher Übersetzung publiziert wird. Das Royal College of Art in London verleiht Moore 1967 die Ehrendoktorwürde. Anlässlich des 70. Geburtstags veranstaltet die Tate Gallery in London eine große Retrospektive.

1974–1979

Am 26. Oktober 1974 eröffnet das Henry Moore Sculpture Centre der Art Gallery of Ontario in Toronto. Mit der Schenkung des Künstlers von 101 Skulpturen, 57 Zeichnungen und vielen Druckgraphiken entsteht erstmals ein Museum außerhalb Englands für Moores Werk. 1977 gehen alle Ateliers in Perry Green und die dort nach Moores Willen verbleibenden Werke in die Henry Moore Foundation ein. Anlässlich seines 80. Geburtstages 1978 gibt Moore eine umfangreiche Schenkung an die Tate Gallery, die ihn mit einer großen Ausstellung ehrt. 1979 gelingt es Helmut Schmidt als Bundeskanzler die Bronzegruppe *Large Two Forms* für das Bundeskanzleramt nach Bonn zu holen.

1980–1984

Moore erhält 1980 das Verdienstkreuz mit Stern der Bundesrepublik Deutschland. 1982 wird das der City Art Gallery in Leeds angegliederte Center for the Study of Sculpture eingerichtet. Der französische Präsident François Mitterrand ernennt Moore 1984 in Perry Green zum Commandeur de l'Ordre National de la Légion d'Honneur.

1986

Henry Moore stirbt am 31. August 1986 in Perry Green. Am 18. November findet ihm zu Ehren eine Gedenkfeier in der Westminster Abbey statt.

Die Biographie basiert auf »Henry Moore. Daten und Dokumente«, in: Christa Lichtenstern, *Henry Moore. Werk. Theorie. Wirkung*, München/Berlin 2008, S. 404–418.

Emil Nolde

Biographie

1867
Am 7. August 1867 wird Emil Nolde, eigentlich Hans Emil Hansen, als sechstes von sieben Kindern des Bauern Niels Hansen und seiner Frau Hanna Christine in Nolde, nahe Tondern, im deutsch-dänischen Grenzland geboren.

1884–1888
Mit 17 Jahren beginnt Emil Hansen eine Lehre als Holzbildhauer und Zeichner in der Sauermannschen Möbelfabrik und Schnitzschule in Flensburg.

1888–1891
Während seiner Wanderjahre arbeitet Hansen als Schnitzer in Möbelfabriken in München und Karlsruhe, wo er auch die Kunstgewerbeschule besucht und heimlich die Aktklasse belegt, sowie in Berlin.

1892–1897
Hansen wird Fachlehrer für gewerbliches Zeichnen und Modellieren am Industrie- und Gewerbemuseum in St. Gallen. Erste Landschaftsaquarelle und Zeichnungen entstehen. 1894 beginnt er eine Folge grotesker Darstellungen der Berggipfel in Sagengestalt, die er in hoher Auflage als »Bergpostkarten« drucken lässt. Der finanzielle Erfolg ermöglicht es ihm, seine Stelle aufzugeben und freier Maler zu werden.

1898–1900
Die Münchner Akademie unter Franz Stuck lehnt ihn ab. 1898 besucht er die Malschule von Friedrich Fehr in München, im März 1899 wechselt er an die Adolf-Hölzel-Schule in Dachau. Im Herbst 1899 reist er nach Paris, besucht die Académie Julian und betreibt eigene Studien im Louvre bis Juni 1900.

1901–1902
Den Sommer verbringt Hansen im Fischerdorf Lild Strand an der Nordküste Jütlands. Er pflegt einen regen Briefwechsel mit der jungen dänischen Schauspielerin Ada Vilstrup, die er im Februar 1902 heiratet. Anlässlich der Heirat legt er den Namen Hansen ab und benennt sich nach seinem Geburtsort Nolde.

1903–1905
Die Sommermonate verbringen Ada und Emil Nolde auf der Insel Alsen. Im Winter leben sie in Berlin. Die finanzielle Not ist groß. Nach einem gesundheitlichen Zusammenbruch von Ada ermöglichen Freunde dem Paar 1904–05 einen sechsmonatigen Aufenthalt in Italien.

1906–1909
Von Februar 1906 bis November 1907 ist Nolde Mitglied der Künstlergruppe Brücke. Er begegnet in Berlin Edvard Munch. 1908 besucht er seinen Freund Hans Fehr in Cospeda bei Jena, wo er die Technik des Aquarellierens für sich entdeckt. Er wird Mitglied der Berliner Secession. 1909 entstehen im Fischerdorf Ruttebüll, nahe der Nordsee, die ersten religiösen Bilder: *Abendmahl*, *Pfingsten* und *Verspottung*.

1910–1912
In Hamburg, Essen, Jena und Hagen finden größere Ausstellungen statt, die zu Noldes künstlerischem Durchbruch führen. Er besucht James Ensor in Ostende. Nach einer Auseinandersetzung mit dem Präsidenten

Emil Nolde, um 1940

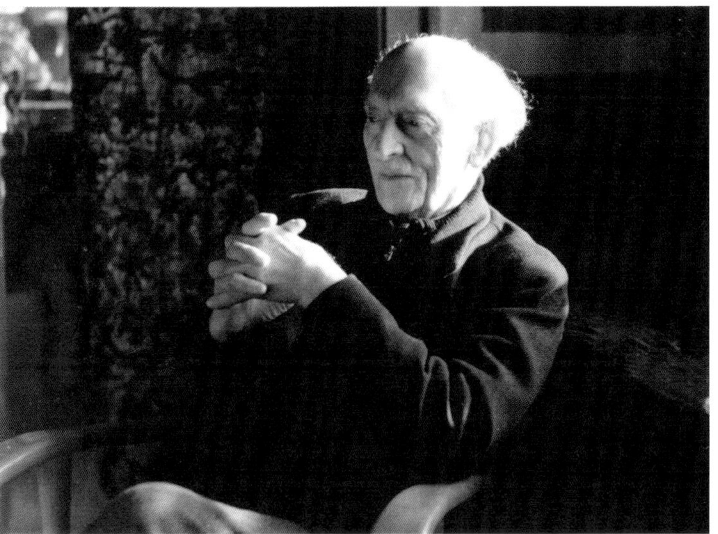

der Berliner Secession Max Liebermann wird Nolde aus der Gruppe ausgeschlossen und tritt der Neuen Secession bei. 1911 erscheint der erste Band des von Gustav Schiefler erstellten Werkverzeichnisses der Graphik. 1911–12 malt Nolde sein Hauptwerk: das neunteilige Werk *Das Leben Christi*.

1913–1914

Das Ehepaar Nolde reist als Mitglied der Medizinisch-demographischen Deutsch-Neuguinea-Expedition über Moskau, Sibirien, Korea, Japan und China bis in die Südsee.

1916–1924

1916 zieht das Ehepaar Nolde nach Utenwarf an der Westküste. 1919 wird Nolde Mitglied im Arbeitsrat für Kunst in Berlin. 1920 kommt Nordschleswig mit Utenwarf zu Dänemark. Nolde wird dänischer Staatsbürger. 1921 reist er nach Paris, durch England und Spanien und nach Zürich. Die Monographie von Max Sauerlandt erscheint. 1924 reist Nolde nach Venedig, Rapallo, Arezzo und Wien.

1927–1932

Nolde verlässt Utenwarf und beginnt nach eigenen Entwürfen den Bau des Wohnhauses Seebüll. Als erstes wird das Atelier errichtet (1927). Später lässt Nolde auf die von ihm sogenannte Werkstatt ein Obergeschoss setzen: den Bildersaal (1937). Zum 60. Geburtstag des Künstlers eröffnet eine Jubiläumsausstellung in Dresden, die anschließend nach Hamburg, Kiel, Essen und Wiesbaden wandert. Die Christian-Albrechts-Universität zu Kiel ernennt Nolde zum Ehrendoktor. Zugleich wird der zweite Band von Schieflers Graphikkatalog veröffentlicht. Der Bau eines Hauses in Berlin-Dahlem nach Plänen von Mies van der Rohe scheitert. Im Sommer 1930 wohnt Nolde zeitweise auf Sylt. 1931 wird er Mitglied der Preußischen Akademie der Künste. Der erste Band der Autobiographie *Das eigene Leben* wird veröffentlicht. Im Juni 1932 informiert Sauerlandt Nolde über die Beteiligung von Henry Moore an der Ausstellung *Neue Englische Kunst* im Hamburger Kunstverein.

1933–1945

Herbert Read, Freund und Förderer von Moore, hebt Nolde 1933 in seiner Publikation *Art Now* heraus. Nach der Regierungsübernahme der Nationalsozialisten 1933 hofft Nolde, dass sich die Befürworter seiner Kunst in der neuen Regierung durchsetzen werden. Nolde nimmt als Ehrengast Heinrich Himmlers am Festakt aus Anlass des zehnten Jahrestages des Hitler-Putsches in München teil. Im August 1934 bekräftigt Nolde durch die

Mitunterzeichnung des »Aufrufs der Kulturschaffenden« seine Unterstützung für Hitlers Führer-Rolle. Im Folgemonat wird er als dänischer Staatsbürger Mitglied der »Nationalsozialistischen Arbeitsgemeinschaft Nordschleswig« (NSAN), einer Organisation der deutschen Volksgruppe im dänischen Grenzbereich, die im Jahr darauf durch die Gründung der »Nationalsozialistischen Deutschen Arbeiterpartei Nordschleswig« (NSDAPN) gleichgeschaltet wird. Im November 1934 erscheint der zweite Band der Autobiographie *Jahre der Kämpfe*. Darin bezeichnet sich Nolde als Vorkämpfer gegen eine angebliche »jüdische Dominanz« in der deutschen Kunstwelt, der er sich als Einzelgänger immer wieder ausgesetzt gesehen habe.

1937 werden von Nolde 1052 Werke in deutschen Museen beschlagnahmt. In der diffamierenden Ausstellung *Entartete Kunst* ist Nolde zahlenmäßig am stärksten vertreten. Den ihm erneut nahegelegten Rücktritt aus der Preußischen Akademie der Künste lehnt Nolde mit Verweis auf seine Parteimitgliedschaft ab. 1938 verfasst der Künstler mehrere anbiedernde Briefe, u. a. an Joseph Goebbels, um eine Rückgabe der aus seinem Privatbesitz beschlagnahmten Bilder zu erreichen. Im Dezember erfolgt die Rückgabe der Arbeiten. Zudem sind auf den späteren Stationen der Ausstellung *Entartete Kunst* keine seiner Werke mehr zu sehen.

Nach einem Erlass des Präsidenten der Reichskunstkammer Ziegler gegen die sogenannte »Verfallskunst« befürchtet Nolde weitere Beschlagnahmungen und lagert ab April 1941 Werke bei Bekannten aus. Nolde muss im Juni dem »Ausschuß zur Begutachtung minderwertiger Kunsterzeugnisse« der Reichskammer eine Auswahl von 4 Gemälden und 18 Aquarellen vorlegen. Im August wird Nolde aus der Reichskunstkammer ausgeschlossen und ihm wird untersagt, sich auf jedem Gebiet der bildenden Künste beruflich sowie nebenberuflich zu betätigen; damit geht ein Verkaufs- und Ausstellungsverbot einher. Nolde verliert seinen Anspruch auf immer knapper werdendes Malmaterial; er hat Sorge, dass dieser Ausschluss ein »Malverbot« bedeutet. Dennoch wendet sich Nolde nicht von den Nationalsozialisten ab, sondern hofft weiterhin auf eine Anerkennung seiner Kunst durch das nationalsozialistische Regime, mit dem er bis 1945 sympathisiert.

Am 20. November teilt die Reichskunstkammer Nolde mit, dass die zur Prüfung eingereichten Werke beschlagnahmt bleiben, und erinnert ihn an seine Pflicht, künftig seine Werke der Kammer vorzulegen, bevor er sie »der Öffentlichkeit übermittelt«. Laut Noldes juristischem Beistand, seinem Freund Hans Fehr, bedeutet dies, dass das »Malverbot« des früheren Schreibens aufgehoben wurde.

1942 fährt Nolde nach Wien. Das erhoffte Treffen mit Reichstatthalter Baldur von Schirach kommt nicht zustande, doch dieser verspricht, sich für Noldes Kunst einzusetzen. Eine Aufhebung oder Lockerung der gegen Nolde verhängten Maßnahmen erfolgt jedoch nicht. Im Februar 1944 wendet sich Nolde mit Verweis auf seine Parteimitgliedschaft an den neuernannten Direktor der Berliner Vereinigten Staatsschulen, Otto von Kursell, und bittet ihn vergeblich, sich für die Aufhebung des Berufsverbots einzusetzen.

Am 15. Februar wird Noldes Berliner Wohnung bei einem Bombenangriff zerstört; etwa 3000 seiner eigenen Graphiken, Aquarelle und Zeichnungen sowie Werke von Paul Klee, Wassily Kandinsky, Oskar

Kokoschka, Lyonel Feininger und Ernst Josephson gehen in Flammen auf.

1946–1956

Im August 1946 entlastet der Entnazifizierungsausschuss Kiel Nolde trotz seiner Parteimitgliedschaft und interpretiert dabei die NS-Ablehnung von Noldes Kunst als »Absage gegen das Regime«. Es erfolgt die endgültige testamentarische Verfügung über die zukünftige Stiftung. Am 2. November stirbt Ada Nolde. Am 22. Februar 1948 heiratet Nolde ein zweites Mal: die 26-jährige Jolanthe Erdmann, Tochter des befreundeten Komponisten und Pianisten Eduard Erdmann. Nolde erhält zahlreiche Auszeichnungen und Ehrungen, u.a. die Stefan-Lochner-Medaille der Stadt Köln (1949), den Graphik-Preis der XXVI. Biennale von Venedig (1952) und den Orden Pour le mérite (1952). Er ist mehrfach auf der Biennale in Venedig vertreten (1950, 1952, 1956) und in Kassel auf der documenta (1955).

1956

Emil Nolde stirbt am 13. April 1956 in Seebüll. Die testamentarisch verfügte Stiftung Seebüll Ada und Emil Nolde wird am 12. Juni 1956 als rechtsfähige Stiftung bürgerlichen Rechts anerkannt. Die erste Jahresausstellung im Nolde-Haus eröffnet 1957.

Seebüll

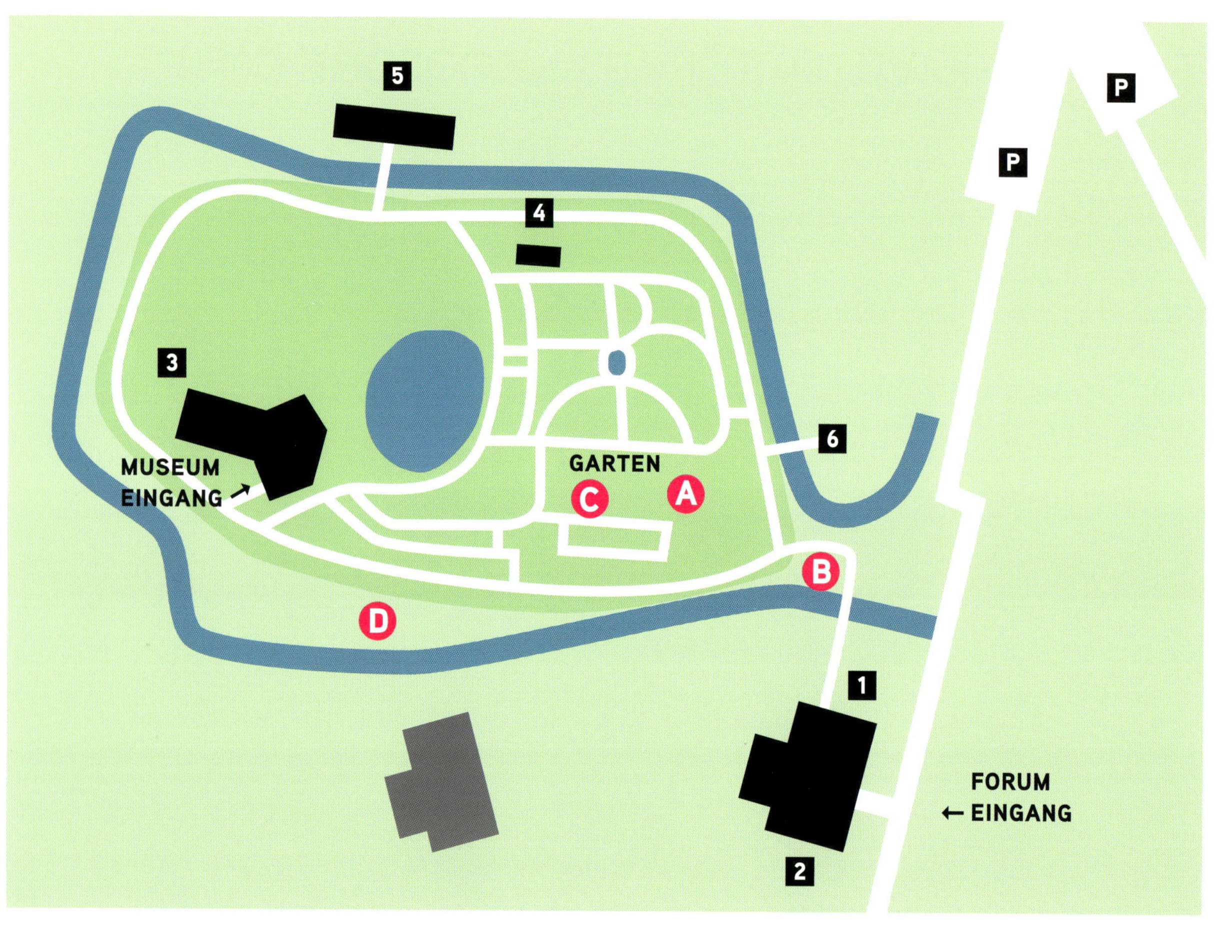

1 Forum – Eingang und Museumsshop

2 Forum – Café

3 Wohn- und Atelierhaus Emil Noldes

4 Seebüllchen

5 Botanicum

6 Gruft von Ada und Emil Nolde

Verzeichnis der Skulpturen von Henry Moore

Die Exponate in Seebüll und ihre Maquetten sowie Großplastiken

Maquette for Oval with Points, 1968
Gips, Guss a, Guss 0 von 9
16,4 × 13,9 × 9,4 cm
LH 594
The Henry Moore Foundation
Abb. S. 24 unten

B *Working Model for Oval with Points*, 1968–69
Bronze, Guss 0 von 12
114,8 × 92 × 54 cm
LH 595
The Henry Moore Foundation
In Seebüll ausgestellt
Abb. S. 24 oben, 59–63

Oval with Points, 1968–1970
Bronze, Guss 0 von 6
332 cm
LH 596
The Henry Moore Foundation
Abb. S. 25

Maquette for Three Piece Reclining Figure: Draped, 1975
Bronze, Guss 0 von 7
25 cm
LH 653
The Henry Moore Foundation
Abb. S. 26

C *Working Model for Three Piece Reclining Figure: Draped*, 1975
Bronze, Guss 5 von 9
68,5 × 111,8 × 69,8 cm
LH 654
The Henry Moore Foundation
In Seebüll ausgestellt
Abb. S. 27, 64–71

Three Piece Reclining Figure: Draped, 1975
Bronze, Guss 0 von 7
474 cm
LH 655
The Henry Moore Foundation
Abb. S. 28–29

Maquette for Reclining Figure: Angles, 1975
Gips, Guss a
23,5 cm
LH 673
The Henry Moore Foundation
Abb. S. 30 oben

D *Working Model for Reclining Figure: Angles*, 1975–1977
Bronze, Guss 0 von 9
50 × 91,3 × 56 cm
LH 674
The Henry Moore Foundation
In Seebüll ausgestellt
Abb. S. 6, 30 unten, 83–89

Reclining Figure: Angles, 1979
Gips
125 × 230 × 157 cm
LH 675
The Henry Moore Foundation
Abb. S. 31

Reclining Figure: Angles, 1979
Bronze, Guss 0 von 9
218 cm
LH 675
The Henry Moore Foundation
Abb. S. 33

Maquette for Draped Reclining Figure, 1976
Gips, Guss b
13 × 22,5 × 12,2 cm
LH 704
The Henry Moore Foundation
Abb. S. 34

A *Working Model for Draped Reclining Figure*, 1976–1979
Bronze, Guss 0 von 9
49,5 × 100 × 57 cm
LH 705
The Henry Moore Foundation
In Seebüll ausgestellt
Abb. Umschlag, S. 35, 91–97

Bibliographie

Ausst.-Kat. Birmingham 2009, *Northern Lights. Swedish Landscapes from the Nationalmuseum, Stockholm*, hrsg. von Paul Spencer-Longhurst, The Barber Institute of Fine Arts, University of Birmingham, Birmingham 2009

Ausst.-Kat. Bonn 1982, *Kunst im Kanzleramt. Helmut Schmidt und die Künste*, hrsg. von Peter Sturm, Bundeskanzleramt Bonn, München 1982

Ausst.-Kat. Düsseldorf/Hamburg 1950, *Henry Moore. Ausstellung von Skulpturen und Zeichnungen*, hrsg. vom British Council, Hamburger Kunsthalle und Städtische Kunstsammlungen Düsseldorf, London 1950

Ausst.-Kat. Halle 2013, *Emil Nolde. Farben heiß und heilig*, hrsg. vom Vorstand der Stiftung Dome und Schlösser in Sachsen-Anhalt im Auftrag der Stiftung Moritzburg – Kunstmuseum des Landes Sachsen-Anhalt, Stiftung Moritzburg – Kunstmuseum des Landes Sachsen-Anhalt, Halle 2013

Ausst.-Kat. Hamburg 2015, *Nolde in Hamburg*, hrsg. von Karin Schick, Christian Ring und Hubertus Gaßner, Hamburger Kunsthalle, München 2015

Ausst.-Kat. London 1986, *Dreams of a Summer Night. Scandinavian Painting at the Turn of the Century*, hrsg. von Leena Ahtola-Moorhouse, Hayward Gallery, London 1986

Ausst.-Kat. Münster 2016, *Henry Moore. Impuls für Europa*, hrsg. vom LWL-Museum für Kunst und Kultur Münster und Hermann Arnhold, LWL-Museum für Kunst und Kultur Münster, München 2016

Ausst.-Kat. Winterswijk 2015, *Mondriaan und Nolde in der Natur*, hrsg. von Villa Mondriaan Winterswijk, Villa Mondriaan Winterswijk, Zwolle 2015

Anonym, »Schmidt: Moores Kunstwerk soll nach Berlin«, *Hamburger Abendblatt*, 13.–14.3.1999

Astrid Becker, »›Das „Wie" ist bedeutender als das „Was"‹. Noldes und Mondriaans erste künstlerische Schritte: Die Landschaften«, in: *Mondriaan und Nolde in der Natur*, hrsg. von Villa Mondriaan Winterswijk, Ausst.-Kat. Villa Mondriaan Winterswijk, Zwolle 2015, S. 8–33

Clive Bell, *Art*, London 1914

Roger Berthoud, *The Life of Henry Moore*, London/Boston 1987

Roger Berthoud, *The Life of Henry Moore*, London/Boston 1987, 2. Aufl. London 2003

Andrew Causey, »Herbert Read and the North European Tradition 1921–33«, in: Benedict Read und David Thistlewood, *Herbert Read. A British Vision of World Art*, London 1993, S. 38–51

Wolfgang Georg Fischer, »Henry Moore und Deutschland«, in: *Jahresring. Jahrbuch für Kunst und Literatur*, 87–88, Stuttgart 1987, S. 233–253

Roger Fry, *Vision and Design*, London 1920

Will Grohmann, *Henry Moore*, Berlin 1960

Donald Hall, »Henry Moore. An Interview with Donald Hall«, in: *Horizon*, November 1960

John Hedgecoe, *Henry Spencer Moore*, London/New York 1968

Meike Hoffmann und Nicola Kuhn, *Hitlers Kunsthändler. Hildebrand Gurlitt. 1895–1956. Die Biographie*, München 2016

Philipp James (Hrsg.), *Henry Moore über die Plastik. Ein Bildhauer sieht seine Kunst*, München 1972

Kaiserring der Stadt Goslar – Portrait der Premiere. Fotografische Notizen, 2. Aufl., Goslar 1975

Matti Klinger, »The North, Nature, and Poverty. Some Background on the Nordic Identity«, in: *Dreams of a Summer Night. Scandinavian Painting at the Turn of the Century*, hrsg. von Leena Ahtola-Moorhouse, Ausst.-Kat. Hayward Gallery, London 1986, S. 48–53

Carlton Lake, »Henry Moore's World«, in: *Atlantic Monthly*, Jg. 209, Januar 1962, H. 1, S. 42

Christa Lichtenstern, *Henry Moore. Werk. Theorie. Wirkung*, München/Berlin 2008

Christa Lichtenstern, »Die menschgewordene Form. Modernität im Geiste Goethes und der Naturromantik. Zum hundertsten Geburtstag des Bildhauers Henry Moore«, in: *Frankfurter Allgemeine Zeitung*, 30.7.1998

Eckhart Marggraf, »Noldes Martyrium. Versuch einer Deutung«, in: *Tà katoptrizómena. Das Magazin für Kunst, Kultur, Theologie, Ästhetik*, Jg. 16, 2014, H. 90

Victor H. Miesel (Hrsg.), *Voices of German Expressionism*, London 2003

Mary Moore, Interview von Andrea Rose, *Henry Moore's Daughter Remembers her Father*, 1.5.2012, www.britishcouncil.org/voices-magazine/henry-moores-daughter-remembers-her-father, Zugriff 14.1.2017

Emil Nolde, *Das eigene Leben. Die Zeit der Jugend 1867–1902*, hrsg. von der Stiftung Seebüll Ada und Emil Nolde, Berlin 1931, 2. überarb. Aufl. Flensburg 1949, 8. Aufl. Köln 2002

Emil Nolde, *Jahre der Kämpfe. 1902–1914*, hrsg. von der Stiftung Seebüll Ada und Emil Nolde, Berlin 1934, 2. überarb. Aufl. Flensburg 1958, 7. Aufl. Köln 2002

Emil Nolde, *Welt und Heimat. Die Südseereise 1913–1918*, geschrieben 1936, hrsg. von der Stiftung Seebüll Ada und Emil Nolde, Köln 1965, 4. Aufl. Köln 2002

Emil Nolde, »Ich musste malen«, in: *Der Spiegel*, Nr. 52, 23.12.1948, S. 28, Abdruck in: *Emil Nolde. Emil Schumacher. Verwandte Seelen*, hrsg. von Manfred Reuther, Ulrich Schumacher und Alexander Klar, Ausst.-Kat. Emil Schumacher Museum Hagen und Nolde Stiftung Seebüll Dependance Berlin, Köln 2010

Herbert Read, *Art Now*, London 1933

Herbert Read, »Moderne Deutsche Kunst«, autorisierte Übersetzung aus dem Englischen von Max Sauerlandt, in: *Kreis von Halle. Monatsschrift für Kultur und den Sinn der Wirtschaft*, Halle, Jg. 1, 1931, H. 9–10, S. 266–277

Herbert Read, *Henry Moore*, München/Zürich 1967

Christian Ring und Hans-Joachim Throl, *Emil Nolde*, München 2013

Christian Ring und Hans-Joachim Throl, *Emil Nolde. The Great Colour Wizard*, München 2015

Robert Rosenblum, *Die moderne Malerei und die Tradition der Romantik. Von C. D. Friedrich zu Mark Rothko*, München 1981

Max Sauerlandt, *Im Kampf um die moderne Kunst. Briefe 1902–1933*, hrsg. von Kurt Dingelstedt, München 1957

Max Sauerlandt, *Ausgewählte Schriften*, Bd. 1: *Reiseberichte 1925–1932*, hrsg. von Heinz Spielmann, Hamburg 1971

Max Sauerlandt, *Ethos des Kunsturteils. Korrespondenz 1908–1933*, hrsg. von Heinz Spielmann, Hamburg 2013

Katja Schneider, »›Das Verlangen nach den Bildern …‹. Max Sauerlandt. Kurator, Sammler, Biograf und Freund von Emil Nolde«, in: *Emil Nolde. Farben heiß und heilig*, hrsg. vom Vorstand der Stiftung Dome und Schlösser in Sachsen-Anhalt im Auftrag der Stiftung Moritzburg – Kunstmuseum des Landes Sachsen-Anhalt, Ausst.-Kat. Stiftung Moritzburg – Kunstmuseum des Landes Sachsen-Anhalt, Halle 2013, S. 78–98

Ernst Schulin, »Die Urkatastrophe des zwanzigsten Jahrhunderts«, in: Wolfgang Michalka (Hrsg.), *Der Erste Weltkrieg. Wirkung, Wahrnehmung, Analyse*, Frankfurt am Main 1994, S. 3–27

Paul O. Schulz und Ulrich Baatz, *Bronzegießerei Noack. Kunst und Handwerk*, Ravensburg 1993

Paul Spencer-Longhurst, *Moonrise over Europe, J C Dahl and Romantic Landscape*, London 2006

Chris Stephens, »Alles andere als sanft. Henry Moore. Ein moderner Bildhauer«, in: *Henry Moore. Impuls für Europa*, hrsg. vom LWL-Museum für Kunst und Kultur Münster und Hermann Arnhold, Ausst.-Kat. LWL-Museum für Kunst und Kultur Münster, München 2016, S. 37–47

Ann Sumner und Greg Smith (Hrsg), *In Front of Nature. The European Landscapes of Thomas Fearnley*, London 2012

Hans-Joachim Throl, *Henry Moore unter freiem Himmel in Deutschland. Skulpturen des englischen Bildhauers im öffentlichen Raum*, hrsg. von der Städtischen Galerie Wolfsburg, Wolfsburg 1998

Alan Wilkinson (Hrsg.), *Henry Moore. Writings and Conversations*, Aldershot 2002

Werkverzeichnisse

David Sylvester und Alan Bowness (Hrsg.), *Henry Moore. Complete Sculpture*, 6 Bde., London 1944–1994

Martin Urban, *Emil Nolde. Werkverzeichnis der Gemälde*, Bd. I: München 1987, Bd. II: München 1990

Register

Abbildungsverweise sind *kursiv* gesetzt.

Impressum

Diese Publikation erscheint anlässlich der Ausstellung

Emil Nolde trifft Henry Moore

Stiftung Seebüll Ada und Emil Nolde,
30. April – 30. November 2017

Organisiert in Zusammenarbeit mit The Henry Moore Foundation und ausgewählt von Sebastiano Barassi, Sammlungs- und Ausstellungsleiter

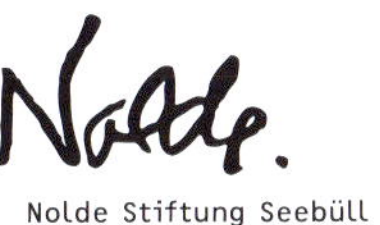

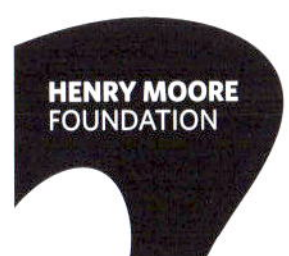

Parallel präsentiert das Kunstmuseum Tondern als unser Kooperationspartner die Ausstellung

Henry Moore – Grenzen zum Norden

30. April – 3. Dezember 2017

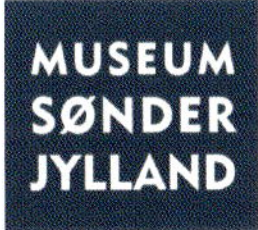

Beide Ausstellungen sind Teil des Verbundes *Nolde im Norden*, zu dem sich insgesamt acht Museen anlässlich des 150. Geburtstages von Emil Nolde 2017 zusammengefunden haben.

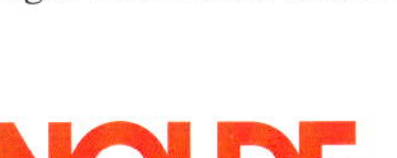

Ausstellung

Konzept
Astrid Becker
Christian Ring
Hans-Joachim Throl
Wissenschaftliche Projektleitung
Astrid Becker
Technische Projektleitung
Bülent Kremser

Katalog

Herausgeber
Astrid Becker, Christian Ring,
Nolde Stiftung Seebüll
Redaktion Astrid Becker
Lektorat Sabine Bleßmann
Übersetzung aus dem Englischen Ingrid Hacker-Klier
(Essay Sebastiano Barassi/Hannah Higham)
Fotoarbeiten Dirk Dunkelberg, Berlin
Projektleitung Verlag Jürgen Kleidt
Gestaltung Akademischer Verlagsservice Gunnar Musan
Schriften Plantin, Gill Sans
Lithographie Repromayer, Reutlingen
Papier GardaMatt Art 150 g/qm
Druck und Bindung Printer Trento, Trento
Printed in Italy

Die Deutsche Nationalbibliothek verzeichnet diese Publikation in der Deutschen Nationalbibliographie; detaillierte bibliographische Daten sind im Internet über http://www.dnb.de abrufbar.

ISBN 978-3-7774-2904-5

www.hirmerverlag.de

Stiftung Seebüll Ada und Emil Nolde
Seebüll 31
25927 Neukirchen
Tel.: +49 - 4664 - 98 39 30
Fax: +49 - 4664 - 98 39 329
info@nolde-stiftung.de
www.nolde-stiftung.de

Bildnachweis

Umschlag Henry Moore, *Working Model for Draped Reclining Figure*, 1976–1979, The Henry Moore Foundation
S. 10–11 Landhaus Hoglands von Henry Moore in Perry Green, Much Hadham, Hertfordshire
S. 104–105 Wohn- und Atelierhaus mit Garten von Emil Nolde in Seebüll

Fotonachweis

Archiv der Autoren S. 36, 39, 44 unten, 75 oben, 98
Dirk Dunkelberg S. 6, 48 unten, 53, 59–71, 83–97
John und Frank Farnham Archive S. 20
Fotowerkstatt Elke Walford, Dirk Dunkelberg S. 21, 37–38, 41–43, 44 oben, 45 oben, 46, 49–51
R. Friedrich S. 100 unten
Knut Garthe S. 101
Charles Gimpel S. 19
John Hedgecoe S. 18
Errol Jackson S. 107
Helmut Kunde S. 104–105
Sarah Mercer S. 24 unten, 28–29, 34, 47, 75 unten, 78 unten
The Henry Moore Foundation S. 12, 14–16, 22, 24 oben, 26–27, 30–31, 35, 40 unten, 45 unten, 48 oben und Mitte, 52, 72–74, 76, 80–81, 100 oben, 102
Erich Müller S. 99
Michel Muller S. 25, 33, 77, 78 oben
Nolde Stiftung Seebüll S. 40 oben, 57, 111
Jonty Wilde S. 10–11, 79, 103